Urs Küffer **Schulen mit Zukunft**

Urs Küffer

Schulen mit Zukunft

Berichte, Reflexionen und Anstösse
zur Weiterentwicklung der Schule

mit einem Vorwort von Horst Rumpf

Verlag Paul Haupt Bern · Stuttgart · Wien

Urs Küffer, Dr. phil. geboren 1942. Mehrere Jahre tätig als Primarlehrer und Erziehungsberater. Seit 1973 Lehrer für Psychologie und Pädagogik am Seminar Biel. Lehrbeauftragter für Allgemeine Pädagogik an der Universität Bern. Mitarbeit in mehreren Entwicklungsgruppen der bernischen Lehrerinnen- und Lehrerausbildung. Aktivitäten in kantonalen und interkantonalen Institutionen der Fort- und Weiterbildung. Forschungsschwerpunkte: Geschichte der Pädagogik (Gotthelf); Aspekte der Schulpädagogik (Schulklima; Schulentwicklung).

Die Deutsche Bibliothek – CIP-Einheitsaufnahme

Küffer, Urs:
Schulen mit Zukunft : Berichte, Reflexionen und Anstösse
zur Weiterentwicklung der Schule / Urs Küfffer. Mit einem Vorw. von Horst Rumpf. –
Bern ; Stuttgart ; Wien : Haupt, 1996
ISBN 3-258-05179-8

Umschlagabbildung: Ölbild von Danilo Wyss, Biel
Alle Rechte vorbehalten
Copyright © 1996 by Paul Haupt Berne
Jede Art der Vervielfältigung ohne Genehmigung des Verlages ist unzulässig
Dieses Papier ist umweltverträglich, weil chlorfrei hergestellt
Printed in Switzerland

Inhaltsverzeichnis

Erfahrungssuche. *Ein Vorwort von Horst RUMPF*   7
Vorwort des Autors   11

Ansprüche: *Lernen und Leben verknüpfen?*   15

Schulleben
*Anmerkungen zur Wiederentdeckung einer
schulpädagogischen Kategorie*   15

"Der Blick auf das ganze Leben"
Lernen von Gotthelfs Schule?   35

Schule mit Zukunft
*Leitgedanken zur Weiterentwicklung einer Schule
der Sekundarstufe II*   39

Versuche: *Brüche und Balancen*   43

Schulzeit – Lebenszeit
*Notizen aus dem Innern einer Lehrer- und
Lehrerinnenbildungsinstitution*   43

Mit den eigenen Händen greifen ...
Ein Versuch schulhausbezogener Projektarbeit   69

Projektunterricht
Postulate, Erfahrungen   79

Schule draussen vor der Tür
Über den schwierigen Versuch, die Schule zu öffnen   81

Berliner Impressionen 1991
*Berlin in Gewalt oder: "Auf dem langen Weg
zum Hause des Nachbarn"*   91

Schule gegen Gewalt
*Randbemerkungen zu einem Versuch, mit Schule
der Jugendgewalt entgegenzutreten* (Berlin 1992)   103

Bilanz und Perspektive: *Skepsis und Hoffnung*   113

Jeremias Gotthelf und die Schule
Schulen und Grenzen   113

Schule, Sache und Person
Schulen und das Gewicht der Zwecke   119

Gewalt in der Schule
Schulen und Spielräume   127

Anmerkungen   147

Literatur   151

Erfahrungssuche. *Ein Vorwort von Horst* RUMPF

Die Zeiten der Gewissheit in Sachen Schule und Schulreform sind vorbei. Über der pädagogischen Landschaft wölbt sich kein Himmel unangefochtener Ideen, von Quasiheiligen verkörpert. Die schönen grossen Worte von Menschlichkeit und Bildung, von Versöhnung, von Theorie und Praxis, von Führen und Wachsenlassen - sie wirken wie Geldscheine einer ausser Gültigkeit gesetzten Währung. Und nach dem Abschied von der Idee der "heilen Schule", einer Bastion von Werten der Humanität, der Tradition, der Ehrfurcht und des Respekts wie der Lernfreude - nach diesem Abschied und dem Verlust von Gemeinsamkeiten, die stützen und die Schule zusammenhalten, was bleibt da? Ein Rückzug der Beteiligten in ihre privaten Schneckenhäuser? Ein Gehäuse für unpersönlich erledigten Unterricht? Ein pädagogischer Konfessionskrieg zwischen verschiedenen ideologischen Lagern, die Bescheid wissen und eindeutige Schuldzuweisungen und Erfolgsrezepte auf ihre Fahnen geschrieben haben? Resignation und Zynismus - ein müdes Lächeln über jede Belebungsinitiative? Der Vormarsch einer reglementierenden Verwaltung, die den Verlust der gelebten Gemeinsamkeit durch eine Vielzahl von Vorschriften und Regelungen zu kompensieren sucht?

Dieses erstaunliche Buch von Urs KÜFFER, eine fesselnde Kombination theoretischer Reflexionen mit Tagebuchsplittern, in denen das Anbranden heutiger Schul- und Erziehungswirklichkeit ohne Stossdämpfer präsent gemacht wird - dieses Buch dokumentiert einen anderen Weg, mit unserer brüchig werdenden Erziehungswelt umzugehen: den Verzicht auf die gesicherten Bastionen, von denen aus Positives und Negatives hübsch zu sortieren ist - stattdessen eine neue Aufmerksamkeit für faszinierende, traurigstimmende, belebende, in Ratlosigkeit versetzende Einzelgeschehnisse - eine Aufmerksamkeit, die Mehrdeutigkeiten aushält, die zäh am Ball bleibt, die die Vertracktheit und Unbekanntheit dessen, was da um uns, in uns passiert, nicht mit Formeln zudeckt, die sich eben in "Brüchen und Balancen" hält, wie ein Abschnitt dieses Buches treffend heisst.

Man mag es an einem kleinen Beispiel zeigen, wie KÜFFERs Betreffbarkeit ausschaut: Da schreibt eine junge Frau, am Ende langjähriger Schulausbildung: "Der Mensch, welcher ich in den vielen Jahren Schule geworden bin, das bin nicht ich. Ich bin, das weiss ich, das spüre ich, ein spontaneres, ein lebendigeres Wesen." Diese für die junge Generation von heute mit ihren "Lebensverlustängsten" – so eine aufschliessende Wortprägung von KÜFFER – sehr charakteristische Wendung mag sehr unterschiedliche Kommentare hervorlocken: Narzistische Selbstüberschätzung und Überempfindlichkeit; Produkt einer Schule und einer Erziehung, die sich nichts mehr zu fordern traut; Stimme einer lebensfern gehaltenen und deshalb verwahrlosten Generation; Stimme einer verwöhnten Jugend, die konsumistisch privatisieren gelernt hat - so oder ähnlich die eine Fraktion. Die andere: erschütterndes Zeugnis der pseudopädagogischen Menschlichkeitsvernichtung in unsren Schulen; ein Aufruf, die kalte lebensfeindliche Rationalität aus der Welt der Erziehung zu verteiben; Erinnerung an den *ganzen Menschen*, gegen die Atomisierung der Inhalte, der Zeiten, der Räume, der Tätigkeiten, der Beziehungen in der überlieferten Schule.

Es scheint mir sehr typisch für KÜFFERs Mut, sich nirgends, auch nicht in Konfrontation mit dieser Äusserung, in eine dieser beiden gängigen und letztlich sehr bequemen Schützengräben zu begeben, wenn er schreibt: "Die Stärkung des (unverfügbaren) Subjekts. Meine Sympathie liegt nahe - aber augenblicklich meldet sich auch Skepsis. Der Verdacht drängt sich auf, dass einmal mehr der Glaube an die einfache widerspruchsfreie Menschlichkeit und die reine Gerechtigkeit vor der Tür steht. Dissonanzfreie Realitäten sind gefragt. Ich begreife die Hoffnung - und habe doch entgegenzuhalten." Das ist nicht der idealistische Pädagoge, dessen Glaube an die Wachstumskräfte des Kindes Berge versetzt - es ist auch nicht der müde Scheinrealist, der die blauäugigen Anfänger belächelt oder verachtet oder bekämpft, weil die Menschen und die Institutionen halt ganz anders sind. Und die Schwärmer alles nur noch schlimmer machen.

Bei KÜFFER zeichnet sich eine dritte Position ab. Erasmisch möchte ich sie nach Erasmus von Rotterdam nennen - menschenfreundlich, erfahrungsoffen, erfahrungshungrig und hochsensibel für wirkliche Lebenregungen, aber fernab von geschlossenen Weltbildern, aus denen die richtigen Antworten abzuleiten wären.

Denn das ist doch wohl die Wurzel der allenthalben aufbrechenden Ratlosigkeiten, wo es denn mit der Schule hingehen soll, wenn sie kein reines Unterrichtsgehäuse sein soll - wenn aber anderseits auch kein unbestritten konsenter Himmel einer Weltanschauungsgemeinschaft die Schule tragen kann: die Schule ist aus dem Leben, der alltäglichen Lebenspraxis ausgegrenzt worden, um die Lernmöglichkeiten der Heranwachsenden für ihr künftiges Leben zu verbessern. Sie hat sich vom Leben entfernt, um dem Leben zu dienen. Dabei hat sie allerdings einen Grad von Verkünstlichung und Entmischung (von Inhalten, Räumen, Zeiten, Tätigkeiten) entwickelt, der zu lebensfeindlichen Erstarrungen und Verödungen geführt hat. Dass es auf die Frage, wie neue Annäherungen an Tätigkeit, an Erfahrungen des Lebens in einer Einrichtung zu gewinnen sind, die durchaus künstliche Züge hat, keine einfachen Antworten geben kann, liegt zutage. Das Augenöffnende dieses Buches liegt darin, dass es in vielen Beispielen aus der Schweiz und Deutschland zeigt, wie in Schulen und Bildungseinrichtungen Erfahrungen angebahnt, angeregt werden können, die das Leben weder (idealistisch, schulmeisterlich) verfälschen oder zurechtstutzen noch es naiv und unreflektiert einfach in die Schule hereinlassen. Als müsse ausgerechnet Schule nicht auch Abstand halten und stilisieren. Als sei ausgerechnet das uns umgebende gesellschaftliche Leben mit seiner Hast und Anonymität ein Wundermittel gegen alle pädagogische Nöte.

KÜFFERs Buch regt zur gemeinsamen Erfahrungssuche ohne Scheuklappen an. Und die ist es, die uns vermutlich am ehesten aus unsren Sackgassen ein Stück weit herausführen könnte.

Vorwort

"Ist die Schule noch zu retten?"

So lautet der provokante Titel einer Publikation aus dem Jahre 1988 (DANNHÄUSER/IPFLING/REITHMEIER). 1995 kulminieren mehr oder wenig begründete Defizitanalysen der Schule erneut in der Anfrage, ob Schule, zumindest soweit sie dem staatlich-öffentlichen Modell entspricht, angesichts der Herausforderungen der Moderne überhaupt noch eine Zukunft habe.

Ich folge im vorliegenden Buch der Überzeugung, dass eine Schule, die zu ihrer öffentlichen allgemeinbildenden Funktion steht, unter bestimmten Voraussetzungen durchaus eine legitime Zukunft hat. Zu diesen Voraussetzungen gehört nach meiner Einsicht ein Paradoxon: Gerade wenn sich Schule Widersprüche (der Zielsetzungen), Vielfalt (der Formen), teilweise Verunsicherung und Unzulänglichkeit (der verantwortlichen Personen) eingesteht und damit ein fortgesetztes Überprüfen und Neuentwerfen der Einrichtung akzeptiert, ohne unkritisch tradierte Bestände fallenzulassen, dann wird sie zukunftsweisend sein. Das allerdings setzt zwei weitere Dinge voraus. Öffentliche Schulen sind dann aussichtsreiche Lerneinrichtungen, wenn sie gesellschaftsbezogenes Fordern und individuelles Fördern, systematisches Unterrichten und kreatives Gestalten von Beziehungen, wissenschaftliches Aufklären und kunstvolles Lehren nicht gegeneinander ausspielt, sondern in ihrem komplexen Zusammenspiel deutet und gestaltet. Und ein zweites: Zukunftsweisende Schulen benötigen das kooperative Miteinander der Schulpersonen, denen vom Staat für ihre Entwicklungsarbeit eine ausreichende Autonomie und günstige Rahmenbedingungen gewährt werden müssen.

Das Buch umfasst sowohl unmittelbar praxisbezogene wie forschungsgeleitete Texte. Das Schwergewicht liegt bei Erfahrungsberichten und Reportagen aus dem Innern der Schule und der Lehrer- und Lehrerinnenausbildung. Leitend sind Fragen wie: Was kann mit Schule, Lehrenden und Lernenden geschehen, wenn Konzepte der Individualisierung des Lernens und der Selbststeuerung verfolgt werden? Welche Wirkungen können sich also dort einstellen, wo man die Heranwachsenden eigene Lernwege entdecken lässt und fremdgesetzte Erwartungen zurücknimmt bzw. kanonisiertes Wissen auflockert? Welche Effekte zeigen sich speziell in den Augen jener, die alltäglich mit ungereinigten Schulrealitäten zu tun haben und mit ihren

Erfahrungen kaum genügend Gehör finden? Und wie lassen sich schulische Kulturen trotz vieler Ambivalenzen und Ungewissheiten und trotz der erkennbaren Beschränktheit technologischer Modelle konturiert und profiliert gestalten?

Ein anderer Teil der Artikel ist aus einer forschungsnahen Arbeit erwachsen. Sie folgen der Frage, ob und inwieweit reformpädagogische Konzepte des Schullebens geklärt und für die Schule von heute und morgen genutzt werden können. Wieviel an Öffnung (gegenüber den gesellschaftlichen Realitäten, den Erfahrungen von Jugendlichen, den überfachlichen Themen) verträgt Schule, wenn das Unterrichten im Zentrum bleiben soll? Wie weit kann mit der schultheoretischen Kategorie Schulleben forcierten Trennungsbewegungen in der Schule entgegengetreten werden, ohne dass man Gefahr läuft, nur die Moderne abzuwehren und rückwärtsgewandte Utopien zu unterstützen? Und welche Gewinne und Verluste kann die Verlagerung von einer einseitig zentralistischen zu einer mehr dezentralen Perspektive in der Bildungspolitik und Schulentwicklung mit sich bringen?

Die hier vorgestellten Suchbewegungen können allerdings nur für Personen der Schulpraxis und der wissenschaftlichen Theoriebildung aussichtsreich erscheinen, die es als sinnvoll erachten, wenn sich forschungsgeleitete Analyse und ganzheitliches berufspraktisches Nachdenken und Handeln zumindest partiell berühren, ohne dass Differenzen ignoriert werden. Für Praktiker mag einiges eher verstörend als stützend wirken; Gewissheiten werden kaum angeboten. Trotzdem habe ich die Hoffnung, es könnten die Texte dazu anregen, im Miteinander eines Teams oder eines Kollegiums realistische Visionen zu entwickeln und "neue" Wege zu erkunden. - Erziehungswissenschaftler, die nicht selbstgefällig auf herkömmlichen Positionen verharren, dürften in den theoretischen Reflexionen und in den Beschreibungen von subjektiv wahrgenommenen und inszenierten schulischen Wirklichkeiten Elemente entdecken, die es verdienen, in der erziehungswissenschaftlichen Diskussion berücksichtigt zu werden und geprüft den bildungspolitischen und schulpraktischen Debatten zugeführt zu werden. Auch Wissenschaftler und Wissenschaftlerinnen werden eine allfällige Illusion verabschieden müssen: die Vorstellung, Erziehungswissenschaft könne Praxis unmittelbar aufklären, orientieren oder gar die praktischen Handlungsvollzüge bestimmen.

Die Texte sind weitgehend chronologisch aneinandergereiht. In den früheren Texten werden Programme zur besseren Verknüpfung von Unterrichten und

Erziehen, von organisiertem Lernen und Erfahrungslernen für wissenschaftliche Diskurse vorbereitet (*Schulleben*) oder für Diskussionszirkel von praktisch tätigen Pädagogen und Pädagoginnen zurechtgelegt (*Der Blick auf das ganze Leben; Schule mit Zukunft*).

Die Überprüfung der Schul- und Lehrerbildungsrealitäten fördert Brüche und Dissens zutage. Die Versuche, Synthesen zu bilden, brechen sich an gegenläufigen gesellschaftlichen Entwicklungen; personen- und erfahrungsorientierte Handlungsansätze reiben sich an institutionellen und ökonomischen Limiten; erfolgreich unternommene kleine Schritte zeugen auf der anderen Seite von überraschenden Handlungsspielräumen (*Schulzeit - Lebenszeit; Mit den eigenen Händen greifen*). Es tritt die Notwendigkeit hervor, spannungsvolle Gegebenheiten zeit- und kontextgerecht zu balancieren (*Projektunterricht; Schule draussen vor der Tür*). Die Reportagen aus Berlin machen aufmerksam, dass gesellschaftliche Provokationen, die aktuell an die Schule herangetragen werden, von den zuständigen Schulteams nicht mehr ungeprüft und passiv angenommen und gemäss obrigkeitlichem Beschluss konform gelöst werden können. Vielmehr stehen schwierige Auseinandersetzungen und Aushandlungsprozesse an, die von den Akteuren an der Basis mitgeformt werden müssen (*Berliner Impressionen; Schule gegen Gewalt*).

Im dritten Teil werden die jüngeren und jüngsten Texte in der Absicht versammelt, eine Bilanz zu formulieren und bestätigte oder korrigierte Ansätze darzustellen. Der Aufklärungsanspruch der öffentlichen Schule erweist sich als ebenso unverzichtbar wie risikoreich in seiner Realisierung (*Jeremias Gotthelf und die Schule*). Die Schulzwecke werden nicht grundlegend neu bestimmt, aber als zunehmend verflüssigt und als verhandelbar gekennzeichnet (*Schule, Sache und Person*). Offenkundig immer vielfältiger und widersprüchlicher nehmen sich die Anforderungen einer individualisierten und pluralisierten Gesellschaft aus; Schulen darin zu stärken, diese Probleme nicht nur aus der Einzelperspektive oder aus einer grossflächigen Systemperspektive zu betrachten und zu behandeln, sondern sie im durchdachten Miteinander der beteiligten Personen zu deuten und gemeinsam nach Handlungsspielräumen zu suchen, dies ist das Anliegen, das den Schlussbeitrag fundiert (*Gewalt in der Schule*).

Als übergreifender Ertrag zeichnet sich ab, dass Grenzen zwischen Vorgegebenem und Selbstgestaltbarem, zwischen System und Subjekt, Unterrichten und Erziehen kaum mehr je beständig und konfliktfrei zu ziehen sind und doch mit viel Ausdauer und Geduld auf verschiedensten Ebenen und unter möglichst allen Beteiligten stets neu zu diskutieren und festzulegen sind. Schulen mit Bereitschaft zum reflektierten und teamgestützten Wandel sind Schulen mit Zukunft, auch oder gerade wenn sie ihren zentralen überlieferten Zweck, Zugänge zu allgemeinem Wissen und Können für möglichst alle Glieder einer Gesellschaft zu eröffnen, nicht preisgeben.

Dieses Buch verdankt verschiedenen Personen, die ich hier im einzelnen nicht nennen kann, tätige Hilfe. Generell habe ich den Kollegen und Kolleginnen des Seminars Biel sowie der Abteilung für das Höhere Lehramt und des Instituts für Pädagogik der Universität Bern zu danken; in ihren Gesprächs- und Arbeitsrunden habe ich wichtige Auseinandersetzung und Anregung erfahren. Einen besonderen Dank schulde ich dem Verleger Herr Men HAUPT, der mir stets mit viel Verständnis und Geduld begegnet ist. Herzlich gedankt sei an dieser Stelle auch dem SEVA Lotteriefonds für die finanzielle Unterstützung des Buches. Nicht versäumen möchte ich es schliesslich, meiner Frau Ursula und meinen Kindern Christoph und Rahel für die Ermutigungen zu danken, die sie mir in der zuweilen schwierigen Entstehungszeit dieser Publikation zukommen liessen.

Merzligen, im Oktober 1995   Urs KÜFFER

Ansprüche:
Lernen und Leben verknüpfen?

Schulleben

Anmerkungen zur Wiederentdeckung einer schulpädagogischen Kategorie

1. Zum Anlass: Erschrecken über Menschenfeindlichkeit und Lebensferne der Schule

"Die Schule ist krank". Kaum jemand, der gegenwärtig nicht in den Chor jener einstimmen würde, welche den Zustand der Schule für beklagenswert halten. Die Palette der Mängel, welche der Schule zugeschrieben werden, ist dabei äusserst vielfältig. Man spricht von Stoffhuberei, Theorielastigkeit, falschen Fächern, fragwürdiger Selektions- und Prüfungspraxis. Man rügt unsinnige äussere und mangelhafte innere Differenzierung, zu grosse und funktional einseitig gestaltete Schulhäuser. Man ortet Angst, Resignation und Lernabneigung bei Schülern, Überforderungsgefühle und Lehrunwilligkeit bei Lehrern. Diese Defiziterklärungen – sie wären fast beliebig zu vermehren und, was aufmerken lässt, in manchen Fällen durch Klagen in der Gegenrichtung zu ergänzen – bewegen sich allerdings auf unterschiedlichen Ebenen. Sie sind zweifellos auch von ungleichem Gewicht und differenter Art. In vielen Mängellisten finden sich Defizite des äusseren und des inneren System Schule, aber auch örtlich-spezielle und überregionale Mängelrügen bunt durcheinandergemischt. Versuche zur systematischen (auch empirischen) Ordnung und Problemerschliessung täten not. – Diese notwendige systematische Problemaufbereitung kann und soll hier nicht geleistet werden. Vielmehr soll einem Phänomen nachgegangen werden, dem im Rahmen von schulischen Defizitanalysen eine herausragende Bedeutung zuzukommen scheint. So verschieden und widerspruchsvoll sich die aktuellen Krankschreibungen der Schule nämlich auch ausnehmen mögen, so regelmässig taucht die globale Klage von der "menschen- und lebensfeindlichen Grundtendenz" der heutigen Schule auf. In enger Verbindung mit

Ansprüche: *Lernen und Leben verknüpfen?*

dieser Klage steht die Sorge um die zunehmende Trennung von innerschulischer und ausserschulischer Welt, das (wie gesagt wird) willkürliche Zerteilen von ganzheitlichen Sinn- und Handlungszusammenhängen. Mit Beharrlichkeit wird der zentralen Diagnose einer so gearteten schulischen Inhumanität das Heilmittel "Schulleben" beigeordnet. Der leidenden Schule soll durch das offenbar breit wirkende Medikament "Schulleben" wieder zu gesunder Gestalt und zu blühendem Aussehen verholfen werden. Schürfungen auf der Oberfläche und Verletzungen im Inneren des Körpersystems Schule, aber auch Brüche zwischen dem System Schule und den Umfeldsystemen sollen wieder gutgemacht werden. Oder etwas sachbetonter ausgedrückt: Dem "Schulleben" wird zugetraut, Sonderungsbewegungen entgegenzuwirken, Lebensfeindlichkeit und Lebensferne der Schule rückgängig zu machen, Inhumanität in der Schule abzubauen.

Was ist das für eine Gegebenheit, die sich im Rahmen einer aktuellen Schulkritik und Schulreform derart hervortut? Gelegentliche Befragungen bei Pädagogikstudenten, vor wenigen Jahren durchgeführt, ergaben, dass der Begriff Schulleben kaum mehr bekannt war (GUDJONS/REINERT 1980, 1). Schulgeschichtlich Bewanderte mochten aber auch damals wissen, dass der Begriff bei PESTALOZZI und FRÖBEL, bei HERBART und Herbartianern, vor allem aber bei vielen Reformpädagogen mindestens der Sache nach eine bedeutende Rolle spielt. Zwischenzeitlich verschwand er weitgehend aus der Diskussion, um nun – gemessen an der Fülle von Publikation – wiederum an Aktualität zu gewinnen.

- Was führte dazu, dass der Begriff eine bewegte Auf- und Abstiegsgeschichte erfuhr - und was steckt dahinter, wenn er gegenwärtig lautstark zur Wiederentdeckung und Wiederverwendung vorgeschlagen wird?

In bezug auf meine bewusst zurückhaltend formulierten "Anmerkungen zur Wiederentdeckung" der schulpädagogischen Kategorie Schulleben möchte ich dabei so vorgehen,

- dass ich zuerst der historischen Entwicklung des Begriffes nachgehe, um so Formen (und deren Wandel), Hintergründe und Wirkungen auszumachen;

- anschliessend einige aktuelle Ausprägungen kritisch zu ordnen versuche;
- zuletzt meinen eigenen Positionsbezug zur Frage der Re-Aktualisierung des Begriffes Schulleben darstelle. Dieser dritte Teil soll einige noch skizzenhafte Hinweise für eine Neubestimmung des Begriffes enthalten.

2. Zum geschichtlichen Hintergrund: Schule als Unterrichtsanstalt oder als Lebensstätte

Ich beginne mit dem Versuch einer geschichtlichen Darstellung. Dabei leitet mich nicht ein antiquarisches Interesse. Vielmehr folge ich der Überzeugung, dass die jeweilige aktuelle Theorie und Praxis pädagogischer Sachverhalte nur unter Einschluss historischer Analysen angemessen aufgeschlüsselt werden kann. Meine Darstellung hat allerdings die Begrenztheit (Selektivität, Perspektivität) historischen Wahrnehmens und Deutens in Rechnung zu stellen. Sie leidet auch unter einem Mangel an verfügbaren bildungspolitischen und bildungsökonomischen Daten (wenigstens was die Schweizer Verhältnisse angeht). So stehen ideengeschichtliche Deutungsmuster auf Kosten wesentlicher real- und sozialgeschichtlicher Argumentationszusammenhänge stärker im Zentrum, als dies der Sache und den wissenschaftstheoretischen Standards nach geschehen dürfte.

Meine Übersicht setzt dort ein, wo die zunehmende systematische Organisation der überlieferungswerten Wissensbestände so stark vorangetrieben wurde, dass sie zum spezifischen Problem, zur oft widerständigen Aufgabe wurde. Dies ist mit dem Ausgang des 18. bzw. dem Beginn des 19. Jahrhunderts der Fall. War die Frage der lebensnotwendigen Wissensüberlieferung zuvor noch weithin in die gemeinsam-teilhabende Praxis von Erwachsenen und Kindern in Familie, Sippe und Verwandschaft eingebunden, so förderten nun Industrialisierung und Arbeitsteilung die Institutionalisierung der Wissensvermittlung. Unterrichtlich schlug sich dies oft in Gedächtnisdrill, moralischer Abrichtung, Aussperrung von Primärerfahrungen und in der Vernachlässigung von praktischen Tätigkeiten nieder. – Derartige Entwicklungen forderten Kritik und Gegenkonzepte heraus: so schon bei

Ansprüche: *Lernen und Leben verknüpfen?*

BASEDOW und SALZMANN, den Philanthropen also, so aber verstärkt (und mit grandiosem menschlich-pädagogischem Ethos verbunden) bei PESTALOZZI. Für ihn gerät unter dem Leitaspekt einer sittlichen Erneuerung des einzelnen und der Menschheit die Frage nach der Verhältnisbestimmung von erzieherischen Unternehmungen in Familie und Schule zum Ankerpunkt. Seine Aussage ist klar: Öffentliche Erziehung ist der "Wohnstubenerziehung" nachzubilden, der Unterricht muss auf das Fundament des ganzheitlichen häuslichen Lebens gebaut werden. Der Lehrer und die Schüler formen jene sittliche und emotionale Sozietät, in der Lernen und Leben verbunden, Erfahrung und Belehrung aneinandergekettet, Reflexion, Erkunden und Tun vermittelt und ausgerichtet werden. Der Modellcharakter der familiär-ganzheitlichen Erziehung wird deutlich, wenn PESTALOZZI vom Lehrer fordert, wie "Gertrud in der Wohnstube" mit den Kindern über "tägliche Bedürfnisse" und "Tätigkeiten" zu sprechen. Die Naherfahrungen der Heranwachsenden müssen ernstgenommen werden, soll die schulische Erziehung nicht zur "künstlichen Verschrumpfungsmethode" und zur "Oberflächlichkeit, Lückenhaftigkeit und Schwindelköpferei" entarten (PESTALOZZI, IX, 120).

Mit PESTALOZZI ist der Sache nach und, was mir bedeutsam scheint, nicht nur als gedankliches Experiment das in eine auch theoretisch akzentuierte Erziehungsrealität eingetreten, was FRÖBEL, soweit sichtbar, erstmals mit dem Begriff "Schulleben" belegt: Die "Einigung der Schule und des Lebens, Einigung des häuslichen, des Familien- und Unterrichtslebens, dies die erste und unzertrennliche Förderung der vollendeten, uns zur Vollendung führen sollenden Menschenentwicklung und Menschenbildung dieses Zeitraums" (FRÖBEL 1968, 147).

Schulleben als Zentrum (und nicht, was deutlich zu machen ist, als Ergänzung) eines Unterrichts, der den "häuslichen Verhältnissen" nachgeformt wird und in gemeinsamer Erfahrung und Praxis von Lehrern und Schülern fusst, so kann der Begriff bei PESTALOZZI und FRÖBEL extrapoliert werden.

Das von PESTALOZZI und FRÖBEL vorgedachte und vorgetane Schullebenskonzept stand nun allerdings der Bildungsrealität der öffentlichen Schule diametral entgegen. Das hatte vielerlei bildungsäussere Gründe, so staats- und ökonomiepolitische. In unserem Zusammenhang interessiert vorrangig ein pädagogisch-psychologisches Motiv. Mit HERBART begann eine unterrichtliche Theorie in die schulpädagogische Szenerie einzutreten, die der Idee nach schullebensfreundlich war, in ihrer praktischen Wirkung aber eine Eliminierung des Schullebens beförderte. Ein für den Schullebensgedanken zentrales Moment, die Verbindung von Erziehung und Unterricht, findet sich ausgeprägt auch bei HERBART. In der Einleitung zu seiner Allgemeinen Pädagogik (1806) schreibt er: "Ich gestehe gleich hier, keinen Begriff von Erziehung zu haben ohne Unterricht, sowie ich rückwärts .. keinen Unterricht anerkenne, der nicht erzieht." Mit seiner Betonung der Moralität als übergreifendem Erziehungsziel und mit seiner Ernstnahme der Individualität des Kindes bleibt HERBART in der Nähe der Pestalozzischen und Fröbelschen Absichten.

Und doch wird einiges anders – oder aber, was vermutlich entscheidender ist: Es wird anders rezipiert. Für HERBART war Unterricht, der den sittlichen Charakter methodisch aufbauen sollte, nicht alles, aber doch das Wesentliche. Erfahrung und Umgang haben demgegenüber nur oberflächlichen und trügerischen Charakter. Dieser Gedanke bestimmte die Aufnahme des insgesamt umfassenderen Herbartschen Theoriegebäudes.

Unterricht wird (dies gewiss auch unter gewichtigem pädagogischem Impetus) zunehmend aus den übrigen Lebenszusammenhängen ausgegliedert und droht (entgegen der Herbartschen Absicht) einem starren Schulmechanismus und Schematismus zu erliegen. Das Gleichgewicht zwischen Erziehung und Unterricht wird gestört.

Das Schulleben sensu PESTALOZZI und FRÖBEL fällt entweder ganz aus, oder es wird nur in entscheidend modifizierter Form und Position wiederhergestellt. Ausdrücklich randständig, als gelegentlicher moralischer Übungsplatz bei ZILLER, mit mehr Gewicht, aber doch bloss unterrichtsergänzend bei REIN und STOY. Und noch eines wird neu. Das in der Herbart-Nachfolge geformte Schulleben mit seinem sozio-moralischen Kern wird in Anlehnung an gesellschaftlich-staatliche Vorgaben gestaltet. Nicht mehr das Ideal der Familie ist massgeblich, sondern Bürgerleben (SCHEIBERT) und staatlicher Organismus (SCHUBERT). Daran sind nicht Herbartsche Intentionen schuld, sondern die Tatsache, dass nun die öffentliche Schule vermehrt in ihrer Bedeutung für staatliche (so arbeitswirtschaftliche) Steuerungsmassnahmen erkannt wurde.

Ansprüche: *Lernen und Leben verknüpfen?*

Erneut und mit radikalem Gepräge trat eine Gegenbewegung, die Reformpädagogische, auf den Plan. Das Schulleben wurde dabei zu einem Kernpunkt von Kritik und Gegenkonzept. Schule wurde als lebensunfähig (erstarrt, verknöchert, schematisiert), lebensfern (abstrakt, künstlich präpariert, parzelliert), lebensarm (einseitig auf Intellekt und Sprache zentriert), lebensfeindlich (kind- und jugendfeindlich, gegenwartsfeindlich) sowie – dies entscheidend – gegenüber subjektnahem und sozialem Leben dysfunktional wahrgenommen und abgelehnt.

Wie aber sahen nun die konstruktiven Antwortversuche aus, welche die Reformpädagogen formulierten und praktizierten? Die Frage kann hier nur im Hinblick auf den Begriff des Schullebens gestellt und bei der Vielzahl unterschiedlicher Muster nur verkürzt beantwortet werden.

Ernstzunehmende Konzeptionen versuchten übereinstimmend die Beziehung Erziehung – Unterricht im Rahmen der Schule neu zu überdenken. Erziehung sollte in den Unterricht zurückgeholt werden. Mochte dies konkret einmal mehr in vorwiegend moral- und erlebnispädagogischer Stossrichtung, das andere Mal mehr in sozialerzieherischer Richtung vor sich gehen: Immer bedeutete es der genuin pädagogischen Idee nach die Umgestaltumg des Unterrichts zu einer Lebensstätte, in der das Kind als Subjekt (dem ein spontanes Entwicklungs- und Selbstbestimmungsvermögen zugetraut wird), in seiner Ganzheit (der Pestalozzischen Triade Kopf, Herz und Hand gemäss), unter Berücksichtigung alltäglicher Handlungszusammenhänge wertgeschätzt werden sollte. Unterricht und Schulleben durften nicht vom Erwachsenen, nicht von den oft überwältigenden objektiven Staats- und Kulturmächten her gesehen und geformt werden. Im Zentrum hatte das lebendige, individuelle Kind und dessen Beziehung zur Kindersozietät zu stehen. Schulleben ist nicht mehr, wie bei einigen Herbartianern, annulliert oder oder in randständige Bezirke verwiesen. In der Jena-Konzeption von Peter PETERSEN bedeutet das etwa, dass ein Fest für Schulneulinge in methodisch vielfältiger Weise unterrichtlich durch Kinder verschiedenen Alters vorbereitet wurde. Dabei wurde das Fest nicht einfach als Vehikel der Unterrichtsmotivierung gebraucht, sondern anders: Der Unterricht diente dem gegnwärtigen, festlichen Leben der Schüler.

Auch hier konnten und durften Gegenfragen nicht ausbleiben. Sie wurden zum Teil klarer und schärfer gefasst als zuvor. LITT etwa kritisierte mit Nachdruck die spekulativen anthropologischen Grundannahmen. Er äusserte deutlich seine Skepsis gegenüber der Absicht, subjektive Bezüge einseitig in die Mitte der Bildungsinstitution zu rücken – dies auf Kosten der Kulturobjektivationen (der Stoffe, der Sache, des Wissens). Ferner bedachte er gründlich die Gefahren pädagogischer Programme, welche zum Zwecke einer reinen – das hiess natürlichen, spontan-bestimmten – Menschenbildung alle ausserpädagogischen Einflüsse abzuwehren versuchte.

Der Mangel an gesellschaftlichem und politischem Bewusstsein und die Gefahr von irrationalen Haltungen waren zweifellos gegeben. Trotzdem blieben gerade die Schullebenskonzeptionen zumindest in Deutschland bis in die Mitte der sechziger Jahre wirksam. Eine folgenreiche, wenn auch nur partielle Ersetzung herrschender wissenschaftlicher Paradigmen in den Erziehungswissenschaften (die geisteswissenschaftliche Richtung geriet in Rückstand, empirisch-exakte und ideologiekritische Theoriebildung fassten Fuss) mochte zusammen mit veränderten bildungspolitischen Überzeugungen und Realitäten – ich erinnere an die Stichworte "Bildungsnotstand" (PICHT) sowie "Bürgerrecht auf Bildung" (DAHRENDORF) – zu dem rapiden Niedergang Ende der sechziger Jahre beigetragen haben. Die Schullebenspraxis verkümmerte, das Nachdenken und die Diskussion setzten aus.

Bevor ich zu aktuellen Neubestimmungen übergehe, möchte ich kurz zurückblicken. Die Geschichte von Begriff und Praxis des Schullebens scheint eng verknüpft mit der Geschichte gegensätzlicher Konstruktionen von Schule. Im Rahmen einer ersten Konstruktion wird Schule primär als Unterrichtsanstalt verstanden. Stichworte wie Rationalität, Stoff, Lehren und Lernen, Organisation und Kontrolle treten in den Vordergrund (im Zusammenhang mit dieser Konstruktion werden häufig die Vorwürfe der Lebensferne, der Gleichgültigkeit gegenüber dem Subjekt und der Abstinenz von Erziehung erhoben). Einer zweiten haupttypischen Konstruktion zufolge wird Schule als Lebensstätte der Kinder und Jugendlichen begriffen. Postulate bilden Subjektzentrierung, Sozialerziehung, Erfahrungs- und Handlungsnähe (gerügt werden von den Kritikern Kindertümelei, Erziehungsabsolutismus und sachliche Anspruchslosigkeit).

Ansprüche: Lernen und Leben verknüpfen?

Der Stellenwert des Schullebens erscheint – geschichtlich – nur im Kontext der jeweiligen schultheoretischen Gesamtauffassung bestimmbar. Im Rahmen dieses Bezugs sind die Relationen zwischen Erziehung und Unterricht entscheidend.

In Abhängigkeit von diesen Bezügen wird Schulleben als Haupt- oder Nebenaufgabe, als Basis, Teilelement, Komplement oder kurzerhand als Phantomzugabe des Unterrichts bezeichnet. In keinem Fall erscheint der Begriff eindeutig geregelt, in jedem Fall ist er mehr werthafter Leitbegriff als Sachbegriff.

Vornehmlich tritt er dann auf, wenn schulische Fehlentwicklungen und Einseitigkeiten beklagt werden.

3. Zum aktuellen Problemstand: Verwirrung ohne Ausweg?

Wie sind nun die gegenwärtig flutartig auftretenden Publikationen zum Schulleben zu ordnen? Vorweg fällt die verwirrende Vielzahl und Uneinheitlichkeit der begrifflichen und praktischen Versuche auf. Jede Ordnungsbestrebung hat damit etwas Gewaltsames an sich. Immerhin scheinen mir drei Positionen unterscheidbar:

1. Es gibt Veröffentlichungen mit eindeutig rezeptologischem Charakter. Angeboten wird eine Sammlung von beliebig addierbaren und verwertbaren Elementen wie schülerorientierten Unterrichtsformen, Formen des sozialen Lernens, ökologischen Veränderungsvorhaben, Betriebserkundungen und Schulverlegungen. Hinweise auf Begründung, Gewichtung und innere Beziehung fehlen. Die Tatsache, dass Praktiker besonders gerne zu derartigen Büchern greifen, sollte beim Wissenschafter allerdings nicht überlegenes Lächeln, sondern Forschungsinitiative in bezug auf die Rekonstruktion alltäglicher erzieherischer Orientierungen auslösen.

2. Eine theoretisch anspruchsvollere Gruppe von pädagogischer Literatur zum Schulleben sucht unmittelbar an reformpädagogische Vorgaben an-

zuschliessen. Das Schulleben wird als Signalbegriff für die Formulierung von schulalternativen Konzepten gebraucht. Reformpädagogische Vokabeln treten in Verbindung mit gegenwärtigen schulreformerischen Postulaten wie der Forderung nach Wiedergewinnung des Erzieherischen, des Ethischen, des Überschaubaren und des Alltäglichen. Dieser Rückgriff ist an sich keineswegs schlecht. Fragwürdig wird er aber nach meiner Einsicht dort, wo reformpädagogisches Erbe linear in unsere Zeit übertragen wird, ohne dass die jeweiligen unterschiedlichen ideellen und materiellen Bedingungen in Rechnung gestellt werden. Die Gefahr einer Flucht ins Idyllische und Anti-Rationale liegt nahe.

3. In einer weiteren Gruppe von Veröffentlichungen sehe ich wesentliche Versuche zur historisch bewussten und zeitkritischen Neubestimmung von Theorie und Praxis des Schullebens. Eine begriffliche Klärung wird angestrebt, bleibt allerdings häufig – explizit – in Widersprüchen stekken. Ein integrativer Standpunkt für die angestrebte Theorie des Schullebens wird nicht gefunden. Empirische Forschung wird reklamiert, aber bisher nur in Ansätzen eingelöst. Zuwenig bedacht erscheint noch der Zusammenhang zwischen Wunschkonstruktion und realer Ermöglichungsbedingung. Trotzdem: Ich habe in den Versuchen von – ich nenne nur die wichtigsten Autoren – BRESLAUER/ENGELHARDT, GUDJONS/REINERT, KECK/SANDFUCHS sowie WEBER und WITTENBRUCH wesentliche Anregungen zur Rechtfertigung einer Erneuerung der Schullebensforschung und -praxis gefunden – zuweilen auch dort, wo ich die vorgestellten Argumente nicht bejahen konnte. Ich werde im nun folgenden dritten und letzten Teil meines Vortrages teilweise darauf zurückkommen.

4. Zum eigenen Ansatz: Schulleben als Leitbegriff einer pädagogischen Schule

Wird nun der insgesamt doch recht schillernde Begriff des Schullebens zu Recht wieder in die Theorie und Praxis der Schulpädagogik eingebracht? Skepsis, Zweifel, ja Abwehrgefühle liegen nahe. Sie beschäftigen auch mich. Und doch möchte ich – allerdings in kritischer Art – einer Wiederinstallierung des Begriffs unter bestimmten Bedingungen das Wort reden. Das habe ich im folgenden zu begründen. Ich möchte meinem Begründungsversuch eine zusammenfassende Formel voranstellen. Sie soll die Richtung anzeigen, in der nach meinem Dafürhalten eine zeitbewusste Bestimmung des Schullebens versucht werden müsste.

Schulleben kann als Leitbegriff einer pädagogisch – anthropologisch – integrativ gekennzeichneten schulischen Theorie auch heute noch (oder gerade heute wieder) wichtige Funktionen übernehmen. Die Hoffnung erstreckt sich dabei sowohl auf den primär theoretischen Bereich – im Sinne von Forschungseröffnungen und Forschungssynthesen –, wie auf den primär praktischen Bereich – im Sinne von Wirklichkeitserschliessung und Handlungsorientierung.

Was heisst dies im einzelnen? Meine Argumentation setzt damit ein, dass ich den Begriff Schulleben als Leitbegriff für eine Deskription und Konstruktion des Systems Schule verstanden wissen möchte. Der Begriff Schulleben ist nur vom systematischen Ort bzw. von der systematischen Funktion her, den er im Ordnungszusammenhang Schule einnimmt, zureichend zu verstehen. Es geht mir also um eine kontextgebundene, dabei geschichtlich und situativ offene Diskussionsskizze, welche korrekturfähig ist und sich der Kritik stellen will.

Schule kann, darüber besteht kein Zweifel, mit einigem Recht unter verschiedenartigen Perspektiven beschrieben und analysiert werden. Ich denke da an geläufige Versuche zur juristischen, verwaltungsmässigen, ökonomischen, politischen Analyse oder, in der Binnensicht, an lern- und sozialpsychologische sowie didaktische Ordnungsversuche. Man kann auch einen Ordnungsschritt weiter tun und zwischen mehr soziologisch – funktional orientierten und mehr pädagogisch – individuellen Deutungsrastern unterscheiden. Unter soziologischem Blickwinkel treten dann primär die gesellschaftlich relevanten Aufgaben der Wissenstradierung, der Qualifizierung und der heissumstrittenen Selektionsaufgabe in Erscheinung. Unter pädagogischem Aspekt wird das Hauptaugenmerk auf die Generierung einer selbst- und sozialverantwortlichen Autonomie des Heranwachsenden gerichtet sein. Im ersten Fall dürfte schwerpunktmässig die legitime Frage der Einordnung in und der Anpassung an bestehende gesellschaftliche Ordnungen im Vordergrund stehen. Im zweiten Fall dominiert eher die Frage nach den individuellen Freiräumen sowie nach der identitätsförderlichen Organisation der oft widersprüchlichen persönlichen und sozialen Erfahrung. Im idealen Fall müssten beide Perspektiven wechselseitig aufeinanderbezogen sein und unter gemeinsamen Sinnkriterien zusammenwirken. Dieser Idealfall ist (bleibt) Utopie. Realität ist vielmehr das spannungsvolle Gegeneinander, gelegentlich auch die Überwältigung der einen Sichtweise (wohl eher der pädagogischen) durch die andere (eher die soziologische). Eine realistisch konzipierte Gesamtansicht der Schule wird also gut daran tun, das pädagogische Motiv ausdrücklich, aber nie ausschliesslich zum Zuge kommen zu lassen.

Es scheint mir hier der Ort zu sein, wo der Leitbegriff Schulleben ein- und anzusetzen hat – dies selbstverständlich unter Berücksichtigung von Erfahrungsdaten. Er verweist darauf, dass Schule auch und wesentlich eine spezifisch zu kennzeichnende pädagogische Institution darstellt. Damit sind Versuche, sie eindimensional ökonomischen und bürokratischen Massgaben zu unterstellen und als staatliches Steuerungsinstrument zu gebrauchen, abgewehrt – zumindest der Absicht nach. Positiv ist damit gemeint, dass Schule eine spezielle Form der Erziehung ist. Das zwingt allerdings zu sagen, was Erziehung ist, und es fordert auch auf, Angaben über die Zielsysteme zu machen. Das kann primär formal geschehen, und scheint dann (einem Vorschlag BREZINKAS gemäss) noch relativ einfach. In der Erziehung geht es um "Vorkehrungen sozialer Art, durch die Menschen die Entwicklung wünschenswerter psychischer Dispositionen bei anderen Menschen zu erhalten oder dauerhaft zu verbessern suchen". Wie schwer sich nun allerdings die inhaltliche Füllung darstellt, dürfte bestens bekannt sein. Immerhin werden mit einer derartigen Fassung doch schon manipulatorische Einwirkungen aus dem Raum der Schule ausgewiesen (theoretisch). Und es ist damit ja auch etwas klargestellt, was gerade für das Verständnis von Schulleben von Bedeutung ist. Die Intentionalität des Erziehungsprozesses hat der Erzieher nach bestem Wissen und Gewissen zu verantworten.

Schulleben: Das meint also nicht schrankenloses, beliebig spontanes und offenes Leben. Es untersteht einer schulerzieherischen Absicht, damit Momenten der Sachbindung, der zeitlichen und räumlichen Organisation, der didaktischen Strukturierung und Gliederung. Leben in der Schule ist

Ansprüche: *Lernen und Leben verknüpfen?*

---

auch nicht dem Leben ausserhalb der Schule gleichzusetzen, obschon es mit der ausserschulischen Wirklichkeit verstärkt in Verbindung zu bringen ist. Die Art dieser Erziehungsdefinition steht jenen Regelungen (und den daraus entspringenden Schullebensprogrammen) entgegen, wie sie etwa KECK vorschlägt. Er definiert Erziehung in unspezifischer Weise als "Gesamtzusammenhang gegenseitiger Einwirkungen im sozialen Feld" und subsumiert unter seinen Begriff zusätzlich auch "latentes Lernen" (KECK 1979, 163).

Was nun die pädagogische Füllung der Ziele betrifft, befinden wir uns in den Erziehungswissenschaften in einer schier ausweglosen Lage. Zweckaussagen sind logisch nicht zu beweisen, so POPPER. Die Orientierung an Letztinstanzen wird nicht mehr ernstgenommen. Die Beschränkung auf die Analyse von Handlungsmotiven und Handlungsfolgen reduziert Pädagogik auf sehr enge Wirklichkeitsausschnitte. Verfahrenslegitimation und diskursive Rechtfertigung wird wegen Inhaltsleere oder Inhaltsbezogenheit in Frage gestellt. Der Rückgriff auf die Menschenrechte wird wiederum wissenschaftstheoretisch bestritten. - Ich entschliesse mich – im Wissen um die auch hier anstehende Problematik – für die konsensfähige Sinn-Norm, dass Erziehung auf die selbst- und sozialverantwortliche Autonomie des Heranwachsenden abzielen müsse. Damit ist vor allem eines deutlich gemacht: Es geht in der Erziehung um den Einzelnen, um die Individualität, aber um eine Individualität, welche mit anderen zusammen wirkt und auf andere hinwirkt. Erziehung, heisst das, hat mit der Entwicklung von Personalität zu tun, welche das Moment der Verantwortung einschliesst. Eine schulische Teiltheorie, welche sich gemäss dem Leitbegriff Schulleben als pädagogisch versteht, hat bewusst sozialrelevante anthropologische Akzente auszubilden.

Was nun kann mit einer gesellschaftlich bewussten Anthropologie schulpädagogisch gemeint sein? Und was trägt der an sich uferlos weite Terminus "Leben" an Kennzeichnendem für das schulisch bedeutsame Verhältnis zwischen Erziehung und Unterricht bei? Drei Thesen sollen hierüber Auskunft geben.

1. In zentraler Stellung der Schule steht das Kind, das als potentiell aktives, zum Aufbauen seiner geistigen Welt fähiges Wesen an- und ernstgenommen wird.

Die anthropologischen Grundannahmen von der potentiellen Aktivität, Neugier und Aufbaufähigkeit des Kindes hat ihre relative empirisch-psychologische Legitimation (ich erinnere nur an die Erkenntnisse von PIAGET). Zugleich haben sie mehrere nicht immer ausreichend bedachte schulpädagogische Konsequenzen. Sie bedeuten, dass, didaktisch, daran zu denken ist, dass Wissen auch eine subjektive Geschichte und einen subjektiven Wertbezug besitzt - und deshalb vom Lehrer nicht einfach geradlinig in die Heranwachsenden abgefüllt werden kann. Sie bedeuten, dass dieses Wissen, wenn es zu wirklich subjektbestimmtem Wissen werden soll, eigenbetonte ausserschulische Erfahrungsanteile umfassen wird, welche nicht vorschnell zugunsten objektiver Stimmigkeit abgearbeitet werden dürfen. Sie bedeutet, dass Wissen mit Haltung verknüpft ist, und dass Schule Wozu-Fragen, Sinn-Fragen akzeptieren, ja fördern sollte. - Dies meint insgesamt, dass der Schüler mit all seinen fragmentarischen, potentiell aber bedeutsamen Möglichkeiten zum Mitdenken und Mithandeln schrittweise an der auch gegenwartsbestimmten Ausgestaltung des schulischen Raumes beteiligt wird. Damit ist nicht an die Renaissance des reformpädagogischen Naturalismus gedacht, sondern damit wird an SCHLEIERMACHERs dialektische Figur zum Gegenwarts- und Zukunftsbezug in der Erziehung angeknüpft. Unterricht – mit seinem Schwerpunkt der regelhaften Vermittlung von Lernhilfen zum Erwerb instrumenteller Kenntnisse – und Erziehung – verstanden als langfristiges sinnprinzipliches, Normationen vermittelndes Geschehen – greifen in einer derartigen Sicht unmittelbar zusammen. Unterrichts- und Erziehungsauftrag sind ineinander verwoben.

"Leben" in der Schule erscheint hier in seiner Qualität als subjekt- und gegenwartsbezogenes Leben, das angemessen mit den in die Zukunft weisenden Aufgaben zu verhandeln ist.

2. In zentraler Stellung der Schule steht das Kind, das anthropologisch umfassend in Anspruch zu nehmen ist.

Obwohl unser empirisch-anthropologisches Wissen im schulischen Kontext unzureichend und raumzeitlich begrenzt gültig ist, eine alte Erkenntnis der pädagogischen Anthropologie wurde wiederholt empirisch erhärtet. Unterricht wird nur erfolgreich sein, wenn er anthropologisch vielseitig operiert – dies selbst dann, wenn er durchaus traditionell vorab auf systematische Klärung definierter Kognition gerichtet ist. Die für unsere Welt gewichtige Rationalität müsste nun besonders dort, wo Schule mehr als nur gesellschaftlich-funktional und effektiv sein will, in ein sorgfältig bedachtes Bündnis mit emotionalen und pragmatischen (inklusive physischen, körperlichen) Sachverhalten treten. Dies die wohlbekannte, aber zu wenig verwirklichte Forderung PESTALOZZIs, wobei anzumerken ist: Ihre unzureichende Realisierung darf nicht einfach allein dem "böswilligen" Lehrer angelastet werden. Zu oft wird sie auch curricular und bürokratisch behindert. Darauf hat in jüngster Zeit (auf deutsche Verhältnisse bezogen) eindringlich Horst RUMPF mit seinen Analysen zur Stillegung von Sinnlichkeit und Körperlichkeit hingewiesen. Zudem kann der Lehrer in der Praxis wohl auf wissenschaftlich gut fundierte kognitionspsychologische Theorien zurückgreifen. Nach wie vor scheint aber der Zusammenhang zwischen Kognition und Emotion forscherisch nicht zureichend praxisrelevant aufgearbeitet.

"Leben" in der Schule wird in diesem Zusammenhang in der Bedeutung von "Lebensfülle" (WEBER 1979, 61) angesprochen. Es soll der Heranwachsende in all seinen Dimensionen gefordert und gefördert werden, und es soll auf die Gefahr intellektueller, sprachlicher, theoretischer Vereinseitigung aufmerksam gemacht werden.

Wiederum soll Schule mehr – obwohl auch – als reproduktiven Charakter im staatlichen Dienst haben, soll Unterricht mehr als die ausschliesslich systematisch gerichtete Klärung der Vorstellungswelt bedeuten (wie dies, nach unserer Einsicht, blickverengend, Theodor WILLHELM in seiner bekannten Schultheorie fordert). Die notwendige, gewiss kognitiv akzentuierte Differenzierung des gefühlsmässigen Bereichs bedarf auch überlegt geöffneter schulischer Situationen, damit konkrete emotionale Erfahrungen ermöglicht werden. Die Förderung von Handlungskompetenz muss notwendig auch auf fundamentalen Handlungserfahrungen aufbauen, die wohl nicht bedenkenlos auf schulische Zeit- und Ordnungsmasse zugeschnitten werden dürfen.

In curricularer und unterrichtsorganisatorischer Sicht wäre demnach Musisches und Handwerkliches und gelegentlich auch Ausserfachliches nicht nur als Nebensache zu betrachten, es wären Spiel, Fest und Feier, es wäre Freizeitanaloges nicht so rasch in ausserunterrichtliche oder gar ausserschulische Bezirke, die dann als Reservate erscheinen, zu verdrängen. Gerade eine enger Schulmechanismus, der Spielerisches, Informelles, Ausserschulisch-Alltägliches nur in besonderen ausserunterrichtlichen Veranstaltungen oder gar nicht zulassen will, befördert vermutlich mit dieser Zensur eine erzieherische Entwertung des formellen Unterrichts. Darauf verweisen Daten der jüngsten erziehungswissenschaftlichen Alltagsforschung (vgl. etwa HURRELMANN 1980, 45 ff.). Die Sache wird mit Widerständen belastet, das ausserunterrichtliche Schulleben (hier nun in verengter Bedeutung verstanden) als Therapiemittel überfrachtet. Dieses additive Verständnis von Unterricht und Schulleben entspricht nicht meiner Auffassung.

3. *In zentraler Stellung der Schule steht das Kind, das soziale Verantwortlichkeit zu erlernen hat.*

Dass in der Schule Menschen zusammenleben, ist als Aussage trivial. Es wird als Faktum sozial- und kommunikationspsychoplogisch recht intensiv erforscht. Pädagogisch ist mit dem Zusammenleben mehr gemeint: die Aufgabe, das Miteinander des Interagierens und Kommunizierens verantwortlich zu gestalten – im Hier und Jetzt, aber auch im Hinblick auf das Draussen und Später.

Damit tritt eine Aufgabe in den schulischen Raum, die mit modernen Vokabeln wie soziales Lernen, Interaktionserziehung oder Gruppendynamik in manchen Fällen nur missverständlich und unzureichend abgedeckt wird. In erster Linie geht es meiner Einsicht nach nicht um Lehrgänge oder therapeutische Übungen, sondern um die Reflexion und tätige Lösung konkreter situationsbezogener Probleme der jeweiligen Lehrer-/Schülergruppen. Die gemeinsame Aufgabe der Erarbeitung von sozialen Regelungen, Umgangs- und Arbeitsformen steht alltäglich an. Es geht auch um den schwierigen, oft fast unlösbaren Versuch, Konkurenz- und Solidaritätsprinzip vernünftig miteinander zu verhandeln. – Damit sind Spannungen unvermeidlich gegeben – und Schul-, Unterrichts- und Erziehungsbild stehen erneut zur Diskussion. Wiederum wird eine Schulsicht ansatzweise überstiegen, welche

Schule auf die Organisation des Unterrichts i.e.S. einschränkt und Erziehung nur im Rahmen von streng fachlichen Bezügen gelten lassen will. – Was die Konflikte und deren Lösung betrifft, tritt eine weitere dialektische Figur ins Blickfeld. Konflikte müssen wahr- und ernstgenommen werden. Sie sollten also nicht gemäss naivem reformpädagogischen Muster in "Heile-Welt-Manier" harmonisiert werden. Ebenso sachunangemessen erscheint mir aber eine nach parteilich-ideologischem Strickmuster provozierte Konfliktlage. Schule baut nach meinem Dafürhalten zu Recht einen nicht zu engmaschigen Filter gegenüber der ausserschulischen Wirklichkeit ein, und sie ergänzt zu Recht die oft chaotischen, verwirrlichen, "unheilen" Draussenerfahrungen mit Gegenbildern, so insbesondere mit der menschlichen Nähe eines Lehrers, dem die Verwaltungsorgane den hiezu notwendigen Handlungsraum belassen haben.

Ich bin damit mehr oder weniger merklich zum dritten und letzten Bestandteil meiner Eingangsformel vorgestossen: dem Element des Integrativen. Hinter ihm verbirgt sich nicht mehr vorrangig die Frage des Lebens in der Schule, sondern das Problem des Zusammenhangs zwischen der Schule und der ausserschulischen Wirklichkeit. Meine Annahme lautet: Schule muss sich den betroffenen Schülern, Lehrern und Eltern gegenüber immer wieder als eine auf kritische, auf spannungsvolle Koordination, Kontinuität und damit Integration hingelegte Institution ausweisen.

Schulleben, so meine Vorstellung, kann hierbei die Funktion des hinweisenden und strukturbildenden Leitmoments annehmen.

Ich habe nur noch wenig Raum, um das zu begründen – und doch wäre differenzierte Begründung gerade hier besonders wichtig. In der Kürze nur dies: Unsere Gesellschaft hat sich in den letzten Jahrhunderten und vor allem Jahrzehnten mit zunehmender Intensität und Schnelligkeit, ja Hektik in den verschiedensten Ebenen ausdifferenziert – und die Wissenschaften haben ihr hierbei geholfen. Ich bin nun weit davon entfernt, diese Bewegung einfach zu disqualifizieren. Aber ich finde es wichtig zu fragen, ob diese Zergliederungstendenzen nicht ein Mass angenommen haben, das kritisch hinterfragt werden muss – auch von Wissenschaftlern. Die Gefahr, dass in unserer Zeit zuviel an Gemeinsamkeit verloren geht, ist gross, und sie ist besonders gross im Bereich der Pädagogik.

Zur Diskussion stehen hier Lebens-, Erfahrungs- und Ernstbezüge der Schule und damit Fragen der personalen Identitätsfindung des Kindes. Deutlich stellt eine ernstzunehmende sozialpsychologische Schulforschung heraus, welche Probleme sich für die heute lebenden Kinder angesichts der heterogenen familiären, freizeitlichen und schulischen Einwirkungen ergeben können. KECK spricht bildhaft von der "Zerstückelung der Schülerpersönlichkeit". Der Schüler werde gezwungen, "am Kleiderhaken vor dem Klassenzimmer ... die Verbindung mit der häuslichen familiären und nachbarschaftlichen Lebenswelt" aufzuhängen (KECK 1979, 39).

Was kann Schule angesichts dieser Sachlage tun? Soll sie (wenn es überhaupt ein Ziel ist) Integration zwecks persönlich identischer Ordnung dadurch anstreben, dass sie unter pädagogisch-idealer Perspektive möglichst viel Familiäres, Freizeitliches, Arbeitsweltliches in ihre Räume aufnimmt – und dann ihre Tore gegen die äussere Wirklichkeit schliesst? Oder soll sie sich eher durchgängig der vollen ausserschulischen Wirklichkeit öffnen, ihre überlieferten Strukturmerkmale wie Ziel- und Sachbindung in Frage stellen lassen, dafür aber an Lebensechtheit und Erfahrungsnähe gewinnen? Beide Modelle treffen nicht das, was ich mir unter dem schulischen Beitrag zum Aufbau von Zusammenhängen vorstelle. Ein drittes Mal möchte ich zu einer dialektischen Denkfigur greifen.

Schule, so meine ich, hat sich auf die gegebene ausserschulische Wirklichkeit einzulassen. Sie müsste es zugunsten der mitangezielten Subjektförderung sogar offener tun, als sie dazu bisher bereit war. Schule dürfte aber durch unbegrenzte Öffnung auch nicht ihre pädagogischen Spezifika unreflektiert aufs Spiel setzen. Auf diese Weise läge die Gefahr nahe, dass sie von herrschenden Mächten widerstandslos in Gewalt genommen und massiv überfordert würde. Eine Schule, welche sich pädagogischen Kategorien unterstellt, hat das Recht auf eine – allerdings nicht randscharfe – Distanznahme gegenüber Instrumentalisierungs- und Aktualisierungszwang. Positiv gewendet: Sie müsste die Möglichkeit wahrnehmen, im Rahmen wirkender politisch-institutioneller Realitäten (welche gegenwärtigen Bedingungen, nicht zwingenden normativen Orientierungen entsprechen) eigene Ideen des Wünschbaren einzubringen. Die Aufgabe der Integration wäre nun angesichts dieser spannungsvollen Lage nur durch einen fortgesetzten Dialog zwischen den Vertretern der jeweiligen Wirklichkeitsbereiche zu leisten. Dies könnte für die benannte horizontale, die Koordinationsebene, und die vertikale, die Kontinuitätsebene, unter anderem das folgende heissen:

- Förderung von (auch wissenschaftlich begleiteten) Anstrengungen im Versuch, dem Schüler auf jeder Stufe einsichtig zu machen, in welcher Beziehung die Lerndinge zum Links und Rechts, zum Voraus und Nachher stehen (dies fordert vom Lehrer bei aller Offenheit für Ausserfachliches Planung, Ordnung, Systematik);
- Förderung einer (auch wissenschaftlichen) Aufmerksamkeit, welche sich neben der Ergründung von Fachdiszipinen auch deren Querbeziehungen und allfälligen Neuzusammensetzungen widmet;
- Förderung der Aufmerksamkeit für die Frage der Übergänge innerhalb der Schule. Ich denke an Übergänge zwischen Allgemeinbildung und Spezialbildung sowie an die Übergänge zwischen verschiedenen Lebens- und Lernorten;
- Förderung des Gesprächs (und allfälliger gemeinsamer Unternehmungen) zwischen den Verantwortlichen von Schule und Elternhaus, Schule und Freizeitstätten, Schule und Betrieb. Konkrete Erprobungen wie der Einbau von Freizeitsequenzen im Unterrichtsablauf oder die Gestaltung und Erkundung von Arbeitsweltvorhaben könnte (begleitet von Wissenschaftern) von ausreichend autonomen Lehrerteams versucht werden (damit ist auch die Forderung ausgesprochen, der Verbindung zwischen Wissenschafts- und Praxisort Beachtung zu schenken);
- Ein Letztes: Erziehungswissenschaftliche Aufmerksamkeit nicht nur für die gewiss immer auch notwendige Trennung, Segmentierung von Sachverhalten, sondern auch für die Suche nach integrativen Standpunkten, nach sorgfältig bedachter Zusammenfügung und Verbindung.

Es wäre nun unrealistisch und würde von politischer Ignoranz zeugen, wollte man gesellschaftliche Desintegrationsbewegungen einfach schulisch rückgängig machen. Wo Integration geschehen soll, müsste auch in der Gesellschaft verbindende Dynamik wirksam werden. Das bedeutet nichts anderes, als dass die gesellschaftlichen Mächte (ich weiss, für viele eine Utopie) pädagogische Perspektiven für ihre Unternehmungen gelten lassen müssten.

Ich fasse zusammen: Die Forderung nach einem erzieherisch bestimmten Schulleben ist alt. Ihre Geschichte ist bewegt. Wichtige Stationen bilden PESTALOZZIs "Wohnstubenerziehung", FRÖBELs "Menschenerziehung" und die Anstrengungen der Reformpädagogen. Bis hin zum gegenwärtigen neuen Aufschwung des Schullebens ging es bei aller konkreten Variation um die Frage des Verhältnisses von schulischer Unterrichtung und Erziehung. In einem skizzenhaften Versuch wollte ich zeigen, in welcher Art der Schullebensgedanke forschungsanleitend und schulpraktisch orientierend wirken könnte. Der Kern meiner Aussage lautet: Schulleben kann aufmerksam machen, dass Schultheorie auch unter pädagogisch-anthropologisch-integrativem Leitaspekt versucht werden müsste (was häufig vernachlässigt wird). Damit müssten erzieherische und unterrichtliche Gegebenheiten in ihrer konkreten Wechselwirkung entfaltet werden. Erste formale und – was in wissenschaftlichen Zusammenhängen risikoreich ist – materiale Konsequenzen versuchte ich darzulegen. Auf diese Weise, so scheint mir, könnte der Schullebensgedanke seine Fruchtbarkeit für Theorie und Praxis der Schule erweisen und nur mit Verlusten durch modernere Vokabeln wie schulische Sozialisation, soziale Ökologie und soziales Leben ersetzt werden.

Ich komme zum Schluss. Vieles konnte zu wenig verdeutlicht werden. Dies ist mir dort recht schmerzlich, wo es die konkrete alltägliche Verwirklichung der Schullebensidee betrifft – und damit den Bereich des Praktikers, der all diese hehren Postulate aufzunehmen und angesichts einer gelegentlich hart einschränkenden gesellschaftlichen und institutionellen Realität vor Ort mit Phantasie zu gestalten hat. Allerdings stimmen mich gerade meine recht vielfältigen Praxiskontakte optimistisch. Trotz zuweilen einschränkenden Realisierungschancen und belastender öffentlicher Rechtfertigungspflicht bringen es einzelne Lehrer oder Lehrerteams immer wieder zustande, einen respektvollen und lebendigen Umgang mit Schülern zu pflegen, ohne dass zugleich unkritisch Sachforderungen abgebaut würden.

Damit stehen sie im Dienste der Unterstützung jener lebendigen Qualitäten, welche jede gute Schule braucht. Oder, um es mit SCHLEIERMACHER zu sagen: Sie dienen der notwendigen "Förderung des menschlichen Berufs auf Erden" (SCHLEIERMACHER 1957, 11).

"Der Blick auf das ganze Leben"
Lernen von Gotthelfs Schule?

Krisenthemen und Katastrophenszenarien überschwemmen die Gegenwart. Atomare Bedrohung, Umweltzerstörung, Diktatur durch Computer und Telesysteme sowie Arbeitsverknappung bilden geläufige Stichworte einer gesellschaftlichen Krisenbeschreibung. Dramatisch lauten auch die Defiziterklärungen auf der schulischen Ebene. Klagen über Ganzheitsverlust, über Verfachlichung, Verwissenschaftlichung, Verrechtlichung und Bürokratisierung der Schule sind an der Tagesordnung. Allerorts werden Mängel festgestellt, wird zensuriert, be- und verurteilt. Was dagegen häufig fehlt, sind sichere Analysen sowie praktikable und verlässliche Auswege. Da verwundert es nicht, wenn manch einer Blick und Schritt nach rückwärts wendet.

Müsste nicht in der Vergangenheit das Gute, das Wahre, das Schöne, das überzeitlich Gültige zu finden sein, dessen wir in einer verwirrten Zeit so sehr bedürfen? Müssten nicht in der schulischen Überlieferung heile und heilsame Vorbilder zu entdecken sein, wie Schule richtiger sein könnte: einfach, überschaubar, geordnet, ganz? Wäre hierbei nicht mit Gewinn an Schulen des 19. Jahrhunderts zu denken, wie sie von GOTTHELF tatkräftig mitgestaltet wurden? Eine Schule (nach ihrer idealen Seite hin), eingeordnet in einen sinnsichernden religiösen Kosmos; verbunden mit dem Kleinen, dem Nahen, dem Lokalen (der Familie, der Nachbarschaft, der Gemeinde); das Erziehen mit dem Unterrichten, das Denken mit dem Tun, das Erfahren mit dem Belehren verknüpfend; "Weniges, aber Tüchtiges" vermittelnd; auf Beispielgebung, klare Forderung und Einübung vertrauend, stabil, mit stimmigen Sitten ausgestattet; kleinräumig, wohnstubenähnlich. Eine Schule insgesamt, verbunden und verbindend statt – wie vielfach heute – gesondert und sondernd, persönlich statt technokratisch, lokal statt zentral, lebendig statt scholastisch, wohnlich und warm statt steril und betonkalt.

Die Schilderung tönt verlockend. Könnte also nicht der Schritt zurück einen Schritt vorwärts bedeuten? Das genauere Hinsehen legt auch Zweifel nahe. Zum einen wirkt die Darstellung zu formelhaft, zu abstrakt, zu abgerundet auch, als dass sie praktisch hilfreich sein könnte. GOTTHELF selbst zeichnet in seinem epischen Werk ein weit spannungsvolleres Bild von der damaligen Welt und der erfahrbaren Schule, als die hier auf Idealkennzeichen verkürzte Aufzählung nahelegt (und als unser durch Heimatfilm und Ankerbilder getrübter Blick wahrnehmen möchte). Mit anstössiger Deutlichkeit lässt er die potentiellen Kehrseiten einfach und rein geregelter Lebens- und Bildungsverhältnisse hervortreten: so die immer auch mögliche "Engstirnigkeit" von Menschen, welche in weithin geschlossenen Gebilden aufwachsen; so die immer auch drohende "Versteinerung" von Institutionen, welche zu stark dem Bestehenden zugewandt bleiben; so die immer auch praktizierte Ausnutzung der "Schwächeren", welche von den Etablierten mit Demutsformeln am überlieferten Platz festgehalten werden. Es gehört zur Grösse GOTTHELFs, die grundsätzliche Entartungsmöglichkeit und Unabschliessbarkeit aller – auch der von ihm erstrebten – menschlichen Ordnungen erkannt und in ihrer alltäglichen schwierigen Vermischtheit veranschaulicht zu haben.

Zum anderen müssen wir wohl mit Übertragungen vom Gestern ins Heute prinzipiell differenziert umgehen. Gewiss: Geschichtliche Sachverhalte können als phantasieanregende Gegenbilder, als überdauernde Fragemuster nützlich in die gegenwärtige und in die zukünftige Zeit hineinwirken. Was aber nicht ohne gewaltsame, den historischen Wandel ignorierende Versimpelung gelingen kann, sind direkte Projektionen situationsgeprägter Bilder der Überlieferung in die jeweilige aktuelle Wirklichkeit. Die momentan spürbare Sehnsucht nach intakten Welt-und Schulbildern ist verständlich; aber der Kompliziertheit und Ungewissheit der modernen (industriellen, mobilen, grossräumigen) Gesellschafts- und Bildungsrealität entkommen wir auf keinen Fall durch einen einlinigen Schritt ins Gestern.

So wäre denn von GOTTHELF und seinem Schulbild eines bestimmt nicht zu lernen: wie Schule heute und künftig konkret und allgemeinverbindlich zu gestalten wäre. Lehrreich – im Sinne von herausfordernden Hinweisen auf gerne Vergessenes – könnte dagegen auch heute manche schulpädagogische Einsicht des Ementaler Pfarrers sein, so etwa seine Überzeugungen:

- dass die Fragen nach dem schulischen "Geist und Ziel" sowie nach der "Stellung" der Schule im "Verband" des "ganzen Lebens" nicht übersehen werden dürfen, wenn sich Schule nicht blind "Parteizwecken" unterwerfen will. Im Zentrum dieser Fragen müsste das Nachdenken stehen, wie Schule "dem ganzen Menschen eine Wohltäterin" zu sein vermag;

- dass Schule ausreichend, im Zusammenspiel mit zentraler Lenkung, in die gemeinsame Verantwortung der unmittelbar Betroffenen gestellt werden müsste, wenn sie eine praktisch-menschenwürdige, einsehbar-erziehliche, subjektiv überzeugende Gestalt gewinnen soll;
- dass schulisch-fachliches Lernen ausreichend mit dem eigenbetonten, handlungsnahen Lebenslernen vermittelt werden müsste, wenn Schule nicht schlimm "verselbständigen", zum "blossen Selbstzweck" entarten und zum "Unheil" der Kinder ausschlagen soll;
- dass der Lehrer nicht bloss ein "Schulmann" mit "stupender Fachgelehrsamkeit" sein dürfe, sondern eine "ganze", wohl mit Fehlern behaftete, aber um stete "Vervollkommnung" bemühte "Person", welche in der Schule "Menschen sieht und nicht bloss Magazine" und daher bereit ist, nicht nur fachliche Interesssen wahrzunehmen, "sondern alles, was das Leben der Menschen bewegt, stützt oder fördert".

Schule mit Zukunft

Leitgedanken zur Weiterentwicklung einer Schule der Sekundarstufe II

1. Unsere Schule als Bildungsanstalt

Unsere Schule als Bildungsanstalt,

- in der Schüler und Schülerinnen in exemplarischer Weise in eine ausreichende Breite des kulturellen Spektrums eingeführt werden;
- in der Fächer, welche häufig als Nebenfächer abgetan werden (Musik, Werken, Zeichnen) gleichrangig neben die tradierten Hauptfächer (Sprachen, Mathematik) gestellt und entsprechend ernstgenommen werden;
- in der neben der unbezichtbaren fachlich-systematischen, von den Lebenspraxen abgelösten Unterrichtsarbeit auch die überfachliche, handlungs- und erfahrungsnahe Arbeit (z.B in Projekten) trotz unübersehbarer Schwierigkeiten Platz findet;
- in der ein vernünftiges Mass an gemeinsamen Regelungen, Ordnungen (Absenzenwesen, Umgangsformen) entwickelt und eingehalten wird, daneben aber Spielräume für das Erproben innovativer Formen (Pädagogischer Stundenplan) bewusst offengehalten und genutzt werden.

2. Unsere Schule als Lebensraum

Unere Schule als Lebensraum,

- in dem berücksichtigt wird, dass Schüler und Schülerinnen (auch Lehrer und Lehrerinnen) eine respektable Zeit ihres Lebens in der Schule verbringen (müssen) und ein Anrecht darauf haben, in der schulischen Gegenwart auch glücklich und fröhlich leben zu können;
- in dem berücksichtigt wird, was Alltagserfahrung und jüngste erziehungswissenschaftliche Forschung bestätigen, dass die Institution Schule als kompliziertes Zusammenspiel der beteiligten Personen, als erziehliche oder unerziehliche Atmosphäre subjektiv häufig nachhaltiger wirkt als durch die in ihr angelegten formellen Lehr-/Lernarrangements;

Ansprüche: *Lernen und Leben verknüpfen?*

- in dem berücksichtigt und konstruktiv angegangen wird, dass Heranwachsende oft schwierige Selbstfindungsbelastungen aushalten müssen, weil ihre familiären, ihre freizeitlichen und ihre schulischen Erfahrungen auseinanderfallen und zu selten aufeinanderbezogen werden;
- in dem berücksichtigt wird, dass Wissensvermittlung nicht immer ohne entsprechende praktische Erprobung bleiben darf, wenn Schüler und Schülerinnen nicht einen Grossteil ihrer Lernfreude verlieren sollen;
- in dem berücksichtigt wird, dass selbstbestimmtes Lernen auch auf korrespondierende räumlich-ästhetische Ermöglichungsbedingungen angewiesen ist, also als sinnlich ansprechender, für Gelegenheitskontakte und informelle Gespräche zugänglicher, für freizeitähnliche lebensvollziehende und nicht nur lebensvorbereitende Aktivitäten erschlossener Ort gestaltet wird, und dies nicht billig im Sinne von Ausgleich, Trost, Harmonisierung.

3. Unsere Schule als offener Raum

Unsere Schule als offener Raum,
- in dem in kritischer Art schulüberschreitende kulturelle und gesellschaftliche Aktivitäten initiiert, mitgetragen, begleitet werden.

4. Unsere Schule als juristisch und verwaltungsmässig mitbestimmter Raum

Unsere Schule als juristisch und verwaltungsmässig mitbestimmter Raum,
- in dem juristische Richtlinien und Verwaltungsregelungen im Sinne von prinzipiell notwendigen Vorgaben anerkannt, zugleich aber auch als auf demokratischem Wege veränderbare Sachverhalte wahrgenommen werden;

- in dem es als sinnvoll gilt, sich für schrittweise vernünftige Veränderungen zu engagieren, damit die gelegentlich grotesken Widersprüche zwischen Programm und Realität bzw. zwischen der "Sicht von unten" und der "Sicht von oben" verringert werden können.

5. Unsere Schule als pädagogisch akzentuierter gesellschaftlicher Raum

Unsere Schule als pädagogisch akzentuierter gesellschaftlicher Raum,

- in dem akzeptiert wird, dass Schule öffentliche Aufgaben wahrzunehmen hat, dabei aber eigenständige Akzente pädagogisch-individueller Art setzen darf (muss);
- in dem zugunsten eines verantwortbaren gemeinsamen Konzeptes um Minimal-Konsense gerungen wird, ohne dass Konflikte vertuscht werden;
- in dem man sich engagiert beteiligt, aber nicht mit der Erwartung überlastet, es könnten und müssten in und mit der Schule alle gesellschaftlichen Übel gelöst werden.

Versuche:
Brüche und Balancen

Schulzeit – Lebenszeit

Notizen aus dem Innern einer Lehrer- und Lehrerinnenbildungsinstitution

Januar

Die Bäume ums Haus: dünnbrüstig, nebelgerippig. Einzig der Quittenbaum darf, zumindest halbseitig, seine Blätter halten. Was er, unter winterhartem Zugriff, doch fallen lassen muss, huschelt teichwärts. Dürrgerollt segelt es auf dem bräunlichen Wasser. In der Tiefe, da wieder ausgerollt, fleischig-quallig-weich, schweben früher gefallene Blätter einer schwarzknäueligen Verwandlung zu.

Dienstag, 8. Januar (*Amadeusfilm*)

Der Film behagt mir nur teilweise, aber diese aufregende Figur SALIERI. Kaum authentisch, aber glaubhaft als Möglichkeit. MOZARTs Musik, die durch die ganze Person, durch den in Ehrgeiz, Neid, Bewunderung fiebernden SALIERI wirkt. SALIERI erklärt nicht, er lebt vor. Gestensparsam, damit eindringlich.

Ich gehe nach Hause, nehme Platten hervor, spiele Teile des Werkes von MOZART noch einmal ab, erlebe sie, salierisch aufgerüttelt, neu. Etwas, das ich bisher, wenig bewusst, nur als Heile-Welt-Musik wahrgenommen habe, erhält mit der Darstellung des SALIERI-Schauspielers provokante Kontur.

Nach HARTMUT von HENTIG auch ein Bild des guten Lehrers, ein zwar einseitiges, überforderndes: "Der Lehrer als Darsteller". Kein Klempner, kein Schwätzer, kein Verkäufer. Auch nicht ein Vorbild. Vielmehr einer, der – wie WAGENSCHEIN – das Entdecken einer Sache "mit seiner Person tastend, fragend, irrend" darstellt.

Versuche: Brüche und Balancen

Donnerstag, 17. Januar

Arbeit an einem Vortrag: "Leben lernen in der (Mittel-)Schule?" Vorzubereiten für die Studienwoche des Vereins Schweizerischer Gymnasiallehrkräfte. Die Woche dem Generalthema "Mittelschule und Forschung" gewidmet. Schwerpunkte der geplanten Rede: drei Viertel Empirie: Was wirkt Schule?; ein Viertel Utopie: Humane Mittelschulen, was wäre wünschbar?

Gestalten des empirischen Teils:

Das stets gleiche Mühen, und hinterher Gefühle des Unbehagens. Da sind die tausendfältigen Situationen des Alltags: durcheinandergewirrt, veränderlich. Mit den Instrumenten des Wissenschaftlers (genauer: eines bestimmten, gesellschaftlich wohletablierten Typus von Wissenschafter) wird nun gesondert, wird das chaotische Gemisch in Bezirke getrennt. Geradlinige Schnellstrassen werden gelegt, betoniert, asphaltiert: Strassen der wissenschaftlichen Ordnung. Alles Unwegsame wird fortgeschafft, aller Schutt ausgeräumt. Nichts soll der schleunigen Erkenntnis im Wege stehen. Auch nicht das – wissenschaftlich unreine – Subjekt. Zahl und Gesetz, naturwissenschaftlichem Schosse entsprungen, mögen es säubern und bändigen.

Diese Art von (zugegeben: in Grenzen notwendiger) exakter Erziehungswissenschaft schmeckt mir immer bitterer. Und doch unterwerfe ich mich, meist erst spät entdeckt, den Exaktheitsnormen.

Freitag 18. Januar (*vor der Schule*)

Gespräch mit Z. Ich vernehme, dass sich zwei Seminaristinnen an ihren Landpraktikumsplätzen als bequem und disziplinschwach erweisen. Die zuständigen Praktikumslehrerinnen stellen ferner einen Mangel an Selbstkritik bei den Bald-Lehrerinnen fest. Zuwenig Bewusstsein von der erzieherischen Verantwortung sei auszumachen. Deshalb wohl auch die nachlässigen schriftlichen Unterrichtsentwürfe.

Die Sorge, welche mir durch den Magen kriecht: War das Mass an gewährter Freiheit falsch? Wurden Selbsterprobungsmöglichkeiten ausgenutzt? Haben wir die Seminaristinnen und Seminaristen zu früh auf sich selber gestellt? Nicht nur Kinder, auch Jugendliche wünschen, so wissen erfahrene Pädagogen und Pädagoginnen, ein festes Wort und eine starke Hand. Wo diese versagt werden, schlagen Heranwachsende über die Stränge oder entwickeln parasitäre Haltungen. Das 68er Geschwätz vom herrschaftsfreien Diskurs, von der emanzipierenden Erziehung, von partnerschaftlichen Konfliktlösungsweisen mag Uniräume und Theoriebücher füllen, Folgen hat es, wenn überhaupt, nur negative. Junglehrkräfte, von den rauhen Winden der "wahren Realität" zerzaust, nur im Neinsagen geübt, geraten zu Bequemlingen, Egoisten, meist nach kurzer Revoluzzerzeit auch zu blinden Dienern dessen, was sie zuvor lauthals abgewehrt hatten.

Es gelingt mir nicht, die Sachverhalte der (Aus-)Bildung so einfach, geradlinig, geschlossen wahrzunehmen. Stattdessen drängen sich mir Fragen auf, die keine raschen Antworten erlauben:

- Was weiss ich von dem, was als vernünftig und selbstbestimmt gilt?
- Wenn KANT mit seiner Formel recht haben sollte: Woran erkenne ich konkret, dass der Jugendliche fähig geworden ist, "sich seines Verstandes ohne Leitung eines anderen zu bedienen?"
- Lebe ich selber vernünftig und selbstbestimmt?
- Wann kann (soll, will) ich es zulassen, dass der Heranwachsende mit mir wirklich – und nicht nur philosophisch, spekulativ, verbal – auf der gleichen Ebene steht?
- Wie helfe ich ermöglichen, dass eigenes Erleben, eigenes Tun, selbstbestimmtes Lernen die Deklarationsgrenze überschreitet? Wie fördere ich, dass der Heranwachsende das Lernen (auch) in die eigene Hand nimmt?
- Wie bereite ich Heranwachsende auf die Wirklichkeit vor, ohne sie dieser auszuliefern?
- Was ist "wahre", was demgegenüber "unwahre" Realität?
- Wie lehre ich Heranwachsende ein zuversichtliches *Ja* und ein festes *Nein*?
- Bin ich sicher, dass das, was der Heranwachsende gelernt hat, auf Dauer gestellt ist, also nicht plötzlich, unter veränderten Umständen, in Gegenteiliges umschlägt?

Abend (*Heimfahrt von Biel nach St. Niklaus*)

Aus der Hügelschräge der Blick zurück: Die Stadt in Lichtern, christbäumlich funkelnder Friede.

Die Illusion, die sich nachschiebt: Die Stadt, mit den Hügeln, mit dem See, nachtverschluckt, eine Theaterbühne, kurz vor dem Aufschwingen des Vorhangs. Zittergoldig. Kind- und traumverbündet.
Leicht fiebrige Stille der Erwartung.

Der Gedanke an eine Kinderwelt, im Zusammenhang mit der Stadt Biel, durchfährt mich gelegentlich auch am Tage. Biel als Kartonstadt, ein Gehäufel aus Quadern, Würfeln, Zylindern. Dazwischen, spinnwebartig, Kanäle und Gräben. Die Stadt, von Kindern ans Ufer gebaut, bei Ebbe.

Was aber, wenn Fluten kämen, Horizonte unter strahlendem Gewölk in die Tiefe brächen, ungreifbare Dämonen die kindliche, die kartonige Orthographie durcheinanderwirbelten und nur lose Teile eines Schwarz-Weiss-Puzzles zurückliessen ...?

Dienstag, 22. Januar (*abends ein Anruf von V.*)

Sie habe eine Stelle als Lehrerin erhalten. Also hat sie sich, gegen beträchtliche Konkurrenz, durchgesetzt.

Ich bin erleichtert. Nach Wochen und Monaten schwieriger Selbstfindungsarbeit ein Erfolgserlebnis der "Problemschülerin".

Sie wird, vertraue ich, an der neuen Herausforderung wachsen.

- *Rückblick*

V., lange Zeit eine angenehme, eine geschätzte Mittelschülerin. Lob in den Lehrerkonferenzen, gute Zeugnisse. Wenn eine Schülerin, wie V., trotz einschränkender Milieubedingungen – mehrfacher Wohnortswechsel, Scheidung der Eltern, instabile finanzielle Konditionen – in den Fachleistungen nicht abfällt, da und dort, im Deutsch, im Zeichnen, in der Musik, sogar zu brillieren weiss und auch anständig bleibt, so ist gute Substanz gewiss.

Auf einmal zeigen sich Veränderungen. Sie fallen erst allmählich auf - zuerst den Klassenkameradinnen. Was ist los mit V.? Soll man sie ansprechen?, in Ruhe lassen?, abwarten?, herausfordern? Was führt dazu, dass sie augenfällig auf Distanz geht? Eine undurchdringliche Hülle um sie, aus Ernst und Stolz. Nichts mehr von der früheren Fröhlichkeit, keine Resonanz auf taktvolles Gutmeinen.

- *Im vergangenen Jahr*

Die Klagen der Lehrer und Lehrerinnen und der Klassenkameradinnen werden unüberhörbar. Die Absenzen von V. übersteigen jedes vernünftige Mass. Hier muss aufgeräumt werden.

Draussen, im weissen Flur, auf der obersten Etage der schwarzen Treppe, welche in die Berufsbildungsetage führt, stelle ich V. Ich deute an, dass ich den Eindruck habe, es beschäftige sie etwas stark und hindere sie, schulisch voll mitzuarbeiten. Mit dem Hinweis auf mein diffuses Wissen um körperliche Hinderungen lege ich einen Teppich aus. Sie tritt darauf. Der Arzt sei zuversichtlich, Bösartiges sei nicht mehr anzunehmen. Vielleicht erübrige sich eine Operation. Nicht die Schmerzen sind schlimm, aber das Ungewisse, die Zweifel. Ein Griff an die Gurgel, die Sinne in die Schwärze gerissen. Die kleine Wucherung wachsend und wachsend. Sie überdeckt, in den Träumen, den Rücken, bohrt sich, splitternd, in die Tiefe. Kein Wegfliegen ist möglich.

Dazu die ausserschulische Arbeit, an den freien Nachmittagen und in den Nächten. Jobs als Gehilfin in einer Garage, als Verkäuferin, als Servierfrau in einem Arbeiterwirtshaus. Wird sie angerempelt? "Ja", sagt sie, "aber ich habe gelernt, mich zu wehren." Das Geld braucht sie, für sich, auch zur Unterstützung ihrer Familie. Manchmal kann sie lachen über das Gerede in der Schule. Was wissen viele Schüler und Schülerinnen schon vom wirklichen Leben, vom Leben der Arbeiter und Arbeiterinnen, vom Weinen, Fluchen, Kopfeinziehen und Aufbegehren der Fliessbandbienen, von ihrer List, ihrem Trotz, ihrem Humor? Und ob die Lehrer je über den schulischen Hag hinausblickten? Zweifel seien erlaubt. Dabei würden sie entdecken, wieviel Wärme und Zärtlichkeit bei jenen zu finden ist, die ihre Freizeit in rauchige, lärmige Beizen tragen.

Versuche: *Brüche und Balancen*

Wäre es nicht besser, wenn V. die Klassenkameradinnen über die Gründe der Absenzen aufklären würde? Nein, glaubt sie. Zu erwarten, dass die Kameradinnen das verstünden, wäre naiv. Solidarität ist nicht möglich in der Kunstanstalt Schule.

Das Misstrauen der Klasse. Es ärgert, dass V. sich weigert, private Teile in der Klasse zu veröffentlichen. Dass sie unnahbar wirkt, wird als Überheblichkeit gedeutet. An naheliegende Schutzmechanismen denkt man nicht. Über Muster der Angstabwehr haben wir im Theorieunterricht gesprochen. Stets hoffe ich, es könne Belehrung in der Praxis greifen. Natürlich weiss ich, dass Beihilfen nötig sind. Daher plaziere ich in einer Pause zwischen Tür und Angel, auf einer Exkursion – Hinweise auf das Geschehen bei mir, bei uns. Nicht Gruppendynamik, der ich in der Modeform misstraue; nicht therapeutische Übungen, sondern Arbeit an konkreten Problemen, teilweise an neue Lernorte verlegt. Investitionen ausserhalb des Schulhauses, an Wochenenden, in einer Ferienwoche, erweisen sich als aufwendig, aber lohnend.

Das Merkwürdige am Ärger der Klasse ist, dass entscheidende Impulse zur Gestaltung unüblicher Lerngelegenheiten von V. stammen. Das wäre zu ertragen, wenn sie sich, endlich, öffnen würde, ihren Stolz fahren liesse.

Von mir erwartet man nachdrückliches Handeln. Ich bin der Psychologe, also habe ich zu wissen, was zu unternehmen ist. Einige Kniffe aus dem Hosensack, damit V. sich in die Klasse hineingibt.

- *Kurz vor den Prüfungen*

Kameradinnen und Lehrer drängen.

Wieder einmal fällt auf: die Vielzahl von privaten und schulischen, von individuellen und quasi-gesetzlichen Kräften, ineinanderverschlungen, voller Unruhe, welche den Einzelfall ausmachen - und da nun die Aufgabe, so zu entscheiden, dass auch das Gruppendurchschnittliche, das Schulobjektive zu seinem Recht kommt. Die Klasse fordert, aus ihrer Optik begreiflich, es habe V. regelmässig die Schule zu besuchen. V. glaubt, im Moment Freiräume beanspruchen zu müssen. Wäre der Klasse – ohne Kitsch – der Widersinn einseitiger Ordnungsimperative nahezubringen? Wäre etwas zu unternehmen, damit V. – trotz Müdigkeit und Angst – den Leistungsnormen wieder besser entsprechen könnte?

Ich habe mich zu entscheiden: Gespräche vorerst mit der Klasse. Gespräch ist allerdings der falsche Ausdruck. Ich fordere, dass mir in dem, was ich für V. an Schonraum verlange, vertraut wird. V. brauche jetzt die Hilfe der Klasse, eine Hilfe, die nicht einfach verbal bleibt und nicht, kaufmännisch, an Konzessionen gebunden sein dürfe. Krise als Aushaltbares und Begleitbares, aber nicht als technologisch Kurierbares. Gespräch, etwas später, mit V. Das Errichten von Dämmen gegen überzogenen Absentismus, das muss auch sie einsehen, ist notwendig. Nicht nur die Klasse wird sonst überlastet, die eigene Krisenbewältigung wird kaum gefördert. Wir erwägen, wie V. den Weg in die Klasse zurückfinden und mehr Offenheit erproben kann.

- *Der Brief einer Mitschülerin*

"Lieber Herr K.

ich habe das Bedürfnis, Ihnen schriftlich das mitzuteilen, was mir heute in der Kehle steckenblieb ...

Nach Ihrem Bericht sassen wir alle mehr oder wenig betroffen da. Uns alle beschäftigte das eben Gehörte. Sie verlangen von uns nicht viel: Verständnis, Unterstützung und Vertrauen für das, was Sie als richtig ansehen. Ich kann meine Gefühle, die ich heute empfand, nicht richtig ausdrücken. Als das Stichwort V. fiel, merkte ich die allgemeine Hilflosigkeit unserer Klasse gegenüber V. Sie sprachen von der Maske, die V. trägt und darum vielleicht ihrer kühlen Art. Oft war es V., die eine gemeinsame Klassenaktivität organisierte. Wir konsumierten einfach. Wir waren froh, wenn sich jemand mit den Finanzen herumschlug. V. war diejenige, welche sich für unangenehme Tätigkeiten zur Verfügung stellte. Aber mir kommt kein Beispiel in den Sinn, wo wir ihr entgegenkamen. Im Gegenteil, wir verurteilten sie, wenn sie zum Beispiel einige Tage fehlte. Die Folge davon ist nun, dass sich V. kaum mehr in die Klasse begeben kann.

Ich bin froh, dass Sie heute zu uns gesprochen haben ... Wir sind alle in den Prüfungsvorbereitungen: Uns interessieren nur die eigenen Nöte und

Probleme, bis Sie kommen und uns aufzeigen, wie jemand in unserer Klasse wirklich in Not ist. Dieser Anstoss erscheint mir sehr wertvoll.

Mit freundlichen Grüssen

MB"

Und jetzt der Anruf, die Erfolgsmeldung.

- *Beratungsgespräche*

Jugendliche in banaler oder ernsthafter Not. Einige würgen, einige erzählen freimütig. Vieles ist individuell, geknüpft an die jeweilige besondere Situation. Anderes weist verallgemeinerbare Züge auf.

Soweit ich sehe, stehen drei Eindrücke, die sich überschneiden, im Vordergrund.

- Eindruck I:

Das Gefühl, Leben zu verlieren, Stunde für Stunde, Tag für Tag.
Woher die Lebensverlustängste gewisser Jugendlicher? Was analysiert die Jugendforschung?
Sie erklärt, wie immer, im Plural.

1. Die beruflichen Perpektiven sind unsicher (was allerdings weit stärker für Deutschland als für die Schweiz gilt). Interessenschwund, Resignation, Apathie entspringen der beruflichen Zukunftssorge.
2. Ein von Psychologen und Psychologinnen formulierter Ansatz. Demnach prägen nicht eingeschränkte Zukunftsperspektiven den Wertwandel, es ist die Frühkindheit, welche, verhängnisvoll, zugeschlagen hat. Der neue Sozialisationstypus, skeptisch gegenüber Sachforderung und Zukunftsplanung, ichbezogen-empfindsam, resultiert aus labyrinthischen Mutter-Kind-Konstellationen. Kleinkinder werden von liebesunsicheren Müttern benutzt, das heisst überversorgt; archaisch-narzisstische Bedürfnisse – Hunger nach bruchloser Nähe, nach ungetrübter Harmonie –

sind geweckt. Vor Ernstforderungen verkriechen sich Heranwachsende ins Schneckenhaus.

Einfach.

Zu einfach?

Warum müssen Lebensverlustängste sofort negativ gedeutet werden? Narzissmus mag eine (vage) Möglichkeit sein. Aber warum nicht auch vermuten, es vermöchten Jugendliche feinfühliger zu registrieren, was Menschen anderen Menschen, aber auch der Natur an Leid anfügen? Gewiss kann man hedonistische, privatistische Neigungen bei Jugendlichen orten und im Fachjargon beklagen. Aber warum nicht auch verfeinerte Organe annehmen, welche es Jugendlichen besser erlauben, Lust zu geniessen, Spontaneität zu wagen, sofern nicht Systemkalk diese verletzlichen Fähigkeiten zu früh löscht?

Auch mir scheint, dass sich Jugendliche zu schnell ducken: Ihr Entsetzen über missliche Umstände wirkt zu dünn, zu fade. Die 68er noch ... Aber wenn heutige Jugendliche das Heimlich-Kriegerische, das Pathetische, welches hinter dem Veränderungswillen auch der 68er steckte, längst entdeckt hätten, und nun eine wirklich zärtliche, eine wirklich empfindsame Lebenshaltung zu realisieren versuchten? Das Wagnis einer Friedfertigkeit, welche Angst und Zerbrechlichkeit nicht aussperrt.

- Eindruck II:

Die wahren Feinde alles Lebendigen sind die Institutionen. Die Schulen gehören mit zu den Lebenszerstörern.

Häufig ist es nicht mehr als ein diffuses Spüren. Institutionen bedeuten Beton, Bürokratie, Bedrohung. Demgegenüber imponieren die Kennzeichen der als nicht-institutionell taxierten Reservate der jugendlichen Freizeitkulturen: Verbundenheit, Wärme, Rausch - also *Leben*. Es versteht sich, dass man keine Lust auf den Frust hat, den offenbar politische und wirtschaftliche Institutionen mit sich führen.

Versuche: *Brüche und Balancen*

Ekel vor den Institutionen, stimmt das noch? Schauen wir (Lehrer und Lehrerinnen, viele Eltern auch) bereits wieder mit den Augen von Gestern? Was ist mit den jüngsten Schlagzeilen in Wochenillustrierten und Tagesmedien? Da gilt die Null-Bock-Jugend als zu Grabe getragen, No-future-Haltung ist alter Quark, Neue Zuversicht und Yuppies Aufsteigermentalität sind gefragt. Ein Sauhund ist, wer schmutzige Klamotten trägt, die Haare nicht pflegt. Der dies sagt, lässt sich in vornehmem Anzug und Krawatte ablichten: 19 Jahre jung, kaufmännischer Lehrling. Im Hintergrund die Nobelfassade einer Bank.

- Eindruck III:

Der zentrale Lebensverlust = der Verlust des wahren, des unzerstörbaren Ich. Das Echte, im Innersten der Seele angesiedelt, wird von den Betonmächten der Berufswelt und der Politik alltäglich umklammert, gewürgt ...

• *Eine Seminaristin kurz vor ihrer Diplomierung*

"Der Mensch, welcher ich in den vielen Jahren Schule geworden bin, das bin nicht ich. Ich bin, das weiss ich, das spüre ich, ein spontaneres, wärmeres, lebendigeres Wesen."

Die Stärkung des (unverfügbaren)Subjekts. Meine Sympathie liegt nahe - aber augenblicklich meldet sich auch Skepsis. Der Verdacht drängt sich auf, dass einmal mehr der Glaube an die einfache, widerspruchsfreie Menschlichkeit und die reine Gerechtigkeit vor der Tür steht. Dissonanzenfreie Realitäten sind gefragt. Ich begreife die Hoffnung - und habe doch entgegenzuhalten.

Freitag, 22. Februar (*Lehrerinnenbildung in den Werkstatt-Papieren*)

In den Werkstatt-Papieren, seit Monaten in Ordnern abgelegt, wäre vieles klar: Humanitas als alles überwölbende Zielformel; Wissenschaftsbezug und gleichzeitig Berufsorientierung als Stützpfeiler einer erneuerten Lehrer- und Lehrerinnenausbildung; das Schaffen von Kongruenz zwischen Theorie und

Praxis, mit Grossschrift hervorgehobenes Postulat des Unternehmens, bessere Lehrkräfte herzustellen. Lehrkräfte herstellen? Ja. Denn dass gute Lehrpersonen herstellbar wären, wenn man nur alle Faktoren sauber beherrschte, herstellbar wie ein hochkomplexes, leider anfälliges industrielles Produkt, dieser Glaube hält sich hartnäckig.

Überhaupt, verschiedene Mythen wurzeln tief.

Mythos A: Man richte die Ausbildungsstätte für Lehrkräfte am Polarstern Humanität aus, und man weiss, was man zu tun hat. Schön wärs. Ein verzottelter Nebel, und man irrt und tapst (zusammen mit dem allfälligen Gegenspieler, der ja auch die grosse H. anstrebt).

Mythos B.: Man entwickle Wissenschaft, hier pädagogische, und die Lösung der hängigen Praxisprobleme rückt augenblicklich näher. Mitnichten. Erst jetzt, im objektiven Bemühen, wird der schwierige Realitätsknäuel vollends sichtbar, und wir sind ratloser als zuvor (denn wir merken, was wissen wir schon, allgemein, überprüft?).

Mythos C: Man knüpfe die Widerspenstigen, Theorie und Praxis, zusammen. Dann entwickeln sich der Lehrer und die Lehrerin gut, die Schule gedeiht. Hoppla, was kommt heraus? Man hat Phantome zusammengebunden, das Wesentliche bleibt unergriffen (unbegriffen).

Unbegriffen? Könnte es sein, dass die Zähmung der Widerspenstigen so gewaltsam nicht versucht werden darf, weil die Spannung für ihr lebendiges Sein konstitutiv ist? Könnte es sein, dass wir Wissenschaft missverstehen, ihre Möglichkeit, halbierter Rationalisierung (HABERMAS) und einseitiger Technologisierung zu widerstehen, ihre Möglichkeit auch, für Aussagen zu haften, die Gefährdung konkreten Tuns auf sich zu nehmen, grundlegend überschätzten? Und was, wenn Menschenbildung sich mindestens ab "Volksschule" nur noch als verschleierndes Wortspiel eignen würde, weil "höhere Schulen" nun wirklich Schulen und nichts anderes mehr sein können?

Montag, 25. Februar (*Entweder-Oder*)

Wir möchten es rein haben. Rein und ganz, ohne Brüche. Entweder man fördert das Individuum oder man lässt die gesellschaftlichen Mächte herr-

Versuche: *Brüche und Balancen*

schen. Entweder man bejaht Führung und Gehorsam oder man lässts mit ROUSSEAU freiheitlich wachsen. Man stützt die Selbstbestimmung oder die Anpassung, steht links oder rechts, ist liberal oder konservativ. Dass man aber ja Farbe bekenne und sich der einen oder anderen Partei zuschlage. Vermittlungsversuche sind nichts als das Gehabe standpunktloser Zauderer. Die Rede von Reichweite und Grenze einer Position, von Gewinnen und Verlusten einer Unternehmung, vom Widersinn isolierender Betrachtungsweise in der Erziehung zeugt einzig von Schwäche.

Radikaler Positionsbezug kennzeichnet, naturgemäss, vor allem Jugendliche. Stellungnahmen haben unbedingt, ausschliesslich zu erfolgen. Der Versuch, pädagogische Positionen in ihrem jeweiligen beschränkten Recht und in ihrem Wechselbezug freizulegen, gilt häufig als typischer Ausdruck der Feigheit von Erwachsenen. Resultat des feigen Zauderns ist ein flacher Kompromiss. Substanzlosigkeit. Die Inhaltsleere, ungewusst oder uneingestanden, garantiert, dass das Bestehende erhalten bleibt. Dialektik als Zement für alles Beharrende. So sehr einiges an der dialektischen Denkbewegung jugendlichem Leben nahestehen könnte (die Abwehr fixierender Begrifflichkeit etwa), es überwiegt, was Misstrauen erweckt. Befremdend (bedrohend?) wirkt, dass der Widerspruch in die pädagogische Wahrheitsfindung eingeschlossen wird. Wahrheit müsste, jugendlicher Vorstellung gemäss, ganz, rund, harmonisch sein. Paradoxes folgt. Es geschieht, was man sich als Jugendlicher, mehrheitlich, nicht wünscht. Die Methoden wuchten sich unter dem Anspruch, Absolutes und Totales zu erreichen, zur Gewalttätigkeit gegen andere, gegen die eigene Person aus.

Sind es aber nur Jugendliche, welche sich das Pädagogische rein, ganz, widerspruchsfrei denken? Was steckt hinter dem Humor eines Lehrerkollegen, der über die weiche erzieherische Wissenschaft witzelt? Unbeabsichtigte Nebenwirkungen im pädagogischen Prozess gelte es zu kalkulieren und zu beherrschen. Vieldeutiges missfällt, augenscheinlich, auch Lehrkräften. Lehrer- und Lehrerinnenausbildung mit oder fast ohne Theorie. Ob mit oder ohne, einfach, stetig, stimmig muss die richtige Ausbildung sein. So gewaltig scheint die Differenz zu den Annahmen und Hoffnungen vieler Jugendlichen nicht auszufallen. Hüben wie drüben wird der Kosmos geschlossen, das Unreinliche ausgesperrt.

Donnerstag, 4. April

Ich treffe auf F., einen Lehrer aus meiner Mittelschulzeit.

Es erstaunt mich, wie unerwartet es mir vorkommt, dass Lehrer F. graue Haare hat. Wenn ich an ihn denke, dann fallen mir Zeremonien ein, die er, säuberlich undsorgfältig, tagtäglich pflegte. So etwa die Toilettenzeremonie. Im Anschluss an Halbapfelmahlzeiten wurde der Schlüssel in das Schloss jener Toilettentüre gesteckt, welche den Lehrerinnen vorbehalten war. Das Geschehen hinter der Türe blieb unfassbar. Kaum wahrscheinlich erschien, er verrichte seiner Notdurft ebenso irdisch wie gewöhnliche Sterbliche.

Das Bild eines anderen Lehrers aus meiner Schulzeit drängt sich mir auf. Stäubchenrein auch er, GOETHE- und GEORGE-Jünger, aber auch, wurde hartnäckig behauptet, Verehrer der Braunhemden. Kreidereste an der Wandtafel trieben ihn zur Verzweiflung; fiebrig speichelte er in derartigen Momenten seine Anklagen gegen die zeitgeistige Entartung. Die Anklagen kontrastierten aufs stärkste mit seiner üblichen Würde. Wir, Jugendliche in langfädiger Pubertät, die mit regen, aber erfahrungsleeren erotischen Phantasien zu kämpfen hatten, stellten uns vor, wie er sich im ehelichen Bett abmühe, ein juckender Wüterich. Sein unterrichtliches Gehabe war sinnlichen Wonnen so fern, es mussten sich fleischliche Einbildungen in unsere nachunterrichtlichen Gespräche drängen.

Eine weitere Assoziation schliesslich: jener Lehrer, von dem Schüler und Schülerinnen annahmen, es würde ihm selbst der Weltuntergang nichts anhaben.

Demgegenüber fallen die Mehrzahl meiner Erinnerungen an Lehrer und Lehrerinnen positiv aus.

Die Erinnerung an Lehrer S. etwa. Obwohl er kaum anderes als Frontalunterricht kannte, vergingen die Stunden bei ihm im Fluge. Mit schmächtiger Stimme öffnete er uns Zugänge in eine Geschichte, in die man sich sich einzubringen vermochte.

Oder FS, der Methodiklehrer. Dass er viel forderte, wurde glaubwürdig durch das, was er sich selbst, zu unseren Gunsten, abforderte.

Einige, die gelegentlich wüteten, teufelten. Aber ihre Teufeleien, ein Fusstritt, Sarkasmen, federten wir durch Zusammenstehen ab. An den Ungerechten stärkte sich (rekonstruiere ich richtig?) unsere Solidarität.

Samstag, 4. Mai

Lehrer N., 50jährig, im Bild der Kollegen und Kolleginnen, auch in meinem Bild, stark, durchsetzungsfähig, verantwortungsbereit: Er telephoniert, weint.

Im Gespräch, noch am gleichen Abend, bricht es aus ihm heraus. Nein, nicht noch weitere 15 Jahre. Sisyphos tritt aus der Sage in die persönliche Wirklichkeit, berührt, mehr: erschüttert. Der Stein des Unterrichts, der institutionelle Berg. Dumpfe Drohung. Die Kraft *muss* reichen, sie darf sich *nicht* erschöpfen, was beim Anwalt und der Anwältin oder bei Schreinern und Fabrikarbeiterinnen angehen mag, den Lehrer und die Lehrerin bindet, lebenslänglich, ihr *Berufsethos*. Die *Verpflichtung* auf Frische, Sachlichkeit, Staatstreue, sie ist bei Lehrkräften unverzichtbar. Lorbeeren sind nur durch *Anpassung* zu holen.

Jetzt schwächelt der Körper, stolpern die Worte - und die Hoffnung Ferien trägt nicht mehr.

Der Eindruck in derartigen Situationen, dass man verstehe, trügt in vielen Fällen. Annäherung ist bereits viel. Hier aber glaube ich zu verstehen. Was hilft dem Sisyphos-Lehrer?

Sonntag, 5. Mai (*Gründlicheres Gespräch mit Lehrer N.*)

Er ist ruhiger geworden, seine Schilderungen umkreisen bestimmter jenes Etwas, das ihm in den Nächten die gewohnte Welt verrückt.

Dass er fortwährend aufgefordert werde, seinem Denken und Handeln zu misstrauen, in der Schule, in der Familie, im politischen Leben, dass ihm

Lehrerkolleginnen, die eigenen Kinder, linksgrüne Politiker nahelegen, seine Hefte zu revidieren, das entzieht ihm den Lebensboden. Was ihm an Bisherigem entzogen wird, wird nicht ersetzt. Die Appelle, das Überlieferte zu beargwöhnen und sich dem Neuen, dem Spontanen, Irrationalen zu öffnen, vernebeln seine Sinne.

Was hält noch in dieser Welt?

Die Welt ist ihm in Millionen von Partikeln zersprungen, und der Glaube, die Partikel seien jemals wieder zusammenzubringen, wird von vorneherein denunziert. Letztlich ist ihm der Glaube zusammengebrochen, es sei überhaupt Sinn im Weltenspiel.

Vernunft, Vervollkommnung, Zukunft - leere Hülsen.

Donnerstag, 9. Mai (*Elternabend*. Sekundarschule X.)

Mit dem Klischee von der elternfeindlichen Schule ist aufzuräumen. Eine freundliche Einladung ruft Eltern und Schüler ins Schulhaus, dies drei Wochen nach Schulbeginn. Eingeladen sind auch die Geschwister der Schüler und Schülerinnen.

Ich freue mich, versuche zu übersehen, dass ich in eine traditionelle Sitzordnung gezwungen werde. Wenn ich die Beine querstelle ... und auch der Nachbar ist sehr freundlich ... und die Schüler samt Geschwistern finden neben dem Lehrerpult, am Boden, genügend Platz. Das Lachen der Kinder lockert jede Steifheit auf. Nichts von der früheren Servilität. Die Lehrer und Lehrerinnen sitzen auf dem Pult oder auf der Seitenbank, in Jeans und Pullover, niemand braucht eine Krawatte, um die Autorität zu stützen. Der Autoritäre, der Angstmacher, der Ordnungswütige, sie alle sind verstaubte Vergangenheit. Schelmisch eröffnet der Klassenlehrer den Abend. Er ersucht um Nachsicht, auch Lehrer seien nur Menschen, Fehler werden sich einschleichen, aber er und seine Kollegen und Kolleginnen werden sich Mühe geben.

Versuche: *Brüche und Balancen*

- *Übergang zur Absenzen- und Prüfungsordnung*

Einige Schüler, bemerkt der Klassenlehrer, werden überfordert sein. Bis jetzt ist es gut gegangen, aber die Erfahrung lehrt, dass sich das ändern wird. Der Deutschlehrer bestätigt: Erfahrungsgemäss sinken die Noten vieler Schüler mit der Dauer der Ausbildung. Die Sekundarschule folgt strengeren Massstäben als die Primarschule, die Erziehungsbehörden verlangen es so. Auf kritische Mitarbeit hofft die Französischlehrerin. Sie weiss, es ist kein Spass, eine Fremdsprache zu lernen. Es wird nicht leicht fallen, den Schülern Erfolgserlebnisse zu vermitteln. Die Lehrerin wirkt glaubwürdig, die Schüler und Schülerinnen lachen ihr zu. Hat jemand noch Fragen? Zwei Meldungen. Eine Mutter dankt für die Aufmerksamkeit, die ihrem Kind nach einem kleinen Unfall zuteil wurde. Eine andere freut sich, dass in dieser Schule nicht nur die Leistung, sondern auch der Mensch zähle.

Keine weiteren Fragen und Aussagen.

Der Klassenlehrer schliesst die Veranstaltung mit der Bemerkung, ein nächster Elternabend finde gegen Ende des sechsten Schuljahres statt. Das Problem des Übertritts in das Progymnasium werde anstehen.

Die Schüler stehen auf, drängen sich zu ihren Eltern. Die Schule entlässt Kinder und Eltern durch helle freundliche Gänge.

- *Schulbesuch in S.*

Ich bin vor der Zeit am Ort, sehe mich um.

Im Gang des Schulhauses fallen mir weisse Zettel auf, die mit blauen, gelben, roten Sprüchen bemalt sind. Die Zettel sind umrahmt von Photographien, auf denen kaffeebraune Menschen, viele in kauernder Stellung, dem Betrachter entgegenlächeln. Ebenso freundlich sind die Aufforderungen auf den Zetteln, keine Spur mehr von der Schule des unseligen Professor Unrat. Da heisst es, an den Schüler und die Schülerin gerichtet: *Trage doch bitte Sorge zu den Pausenspielen. Es sind auch Deine. Danke.*

Oder: *Du räumst doch nachher alles wieder weg, oder? Die Spiele gehören auch Dir. Sie waren nicht gratis.*

Alusäcke laden am Ende des Korridors mit höflichen Inschriften zur Umweltsorge ein. Unterwegs zum ersten Stock entdecke ich einen Zettel, der die offizielle Hausordnung, im Namen der Schulkommission, in Erinnerung ruft, nicht handschriftlich, nicht blau, gelb, rot, sondern schwarz, dem Computer entsprungen. Ich lese: *Schüler gehen nach der Schule **sofort** nach Hause.*

Oder: *Schülern ist es strengstens untersagt, ohne Einwilligung des Abwarts den Rasenplatz zu betreten.*

Weiter oben, im Korridor des ersten Stocks, quere ich wieder gemaltes Afrika: Urwald, Schlinggewächs, baumelnde Affen. Unterschrieben hat das Wandgemälde die Klasse 4c.

Dienstag, 4. Juni

Ausflug per Velo mit einem Bekannten (Staatsbeamter, Einfamilienhaus in günstiger Wohnlage, Hobbyvelorennfahrer).

Obwohl ich es verhindern möchte, nach dem ersten ruppigen Aufstieg räsonieren wir über Schule, über Lehrer und Lehrerinnen. Die heutigen Schulen, so mein Bekannter, sind lahm. Unter den Lehrkräften sind fast nur noch "Softies" zu finden. Damit meint er, die Schule habe sich, ärgerlich, vom Leben, vom ökonomischen Zwang zur Mobilität und Flexibilität, vom Zeitalter der Automaten abgekoppelt. Bei den Lehrern wachse der Lohn, der Weltschmerz, die Ferien, ferner die Nähe zu den Grünen, zu den Staats-und Militärfeinden, zu wühlerischen Asylanten. Meinen Bekannten würde es nicht wundern, wenn die Lehrer, trotz überdehnter Freizeit und Riesenlohn, bald noch mehr Ferien und noch höhere Löhne forderten. Was müsste denn, seiner Ansicht nach, den guten Lehrer, die gute Lehrerin kennzeichnen? Auf jeden Fall benötigten Lehrkräfte mehr Lebenserfahrung. Jede Lehrkraft müsste einmal in einen wirklichen Arbeitsprozess eingespannt werden, ohne gleich in die Kaffeepause, auf das Surfbrett oder auf die Kanarischen Inseln ausweichen zu können. So würde das Trümmer-Ich der Lehrer zusammengeleimt, eine robuste Persönlichkeit würde erstehen, mit der man zu rechnen hätte: respektiert, auch mal gefürchtet. Sachbetont und ohne Empfindlichkeit

Versuche: *Brüche und Balancen*

würde sich eine derart gestählte Lehrperson in der Schulstube durchsetzen. Niemand könne es übersehen: Die heutige Jugend meide Anstrengendes wie die Pest. Und dafür trügen die Lehrer die Schuld, gemeinsam mit den arglosen Eltern, die ihre Sprösslinge verwöhnen.

Einen Zwischenhalt benutze ich, um Zweifel an seiner Analyse anzumelden. Die Wirkung der Schule scheint mir massiv überschätzt. Er hört nicht zu, ich dopple nach, indem ich ihm die Ergebnisse jüngster Schulwirkungsforschungen vorlege. Auch die Uni, kontert er, ist unterhöhlt. Wer Sabotage betreibe, wisse man nun nachgerade. Auch an der Uni seien die nützlichen Idioten LENINs im Vormarsch.

Beim Zvieri wieder Themawechsel. Nein, die Asylanten kann man nicht verjagen, das will und kann niemand, so mein Bekannter, aber Anlass zu Befürchtungen gäben sie schon. Siebzehn schwarze Kerle hätten ihn letzthin plötzlich umringt. Angst sei in ihm hochgestiegen, keineswegs grundlos, wie der Erdbeerenplantagenbesitzer, Arbeitgeber der vielköpfigen schwarzen Bedrohung, ihm bestätigt habe. Ein gemeines, ein hinterhältiges Pack sei das, Schlägertypen allesamt, die Narbe an seinem Kiefer stamme von den Kerlen. Diese Leute seien wie Tiere, ein verwahrlostes Lumpenpack, alle homosexuell, man sehe sie, händchenhaltend, küssend, auf dem Bahnhofareal herumlungern, mit arroganten Mienen, mit Golduhren und Lackschuhen. Drogen? Das wisse man längst in Bern, aber man sei dort zu feige, um durchzugreifen. Vielleicht, dass uns jetzt die AIDS-Geschichte die Augen öffne, endlich.

Ich finde seine Verdächtigungen nicht mehr diskussionswürdig. Er schiebt mir eine Erinnerung an seine Rekrutenzeit zu. Sein Truppenkommandant habe die Rekruten davor gewarnt, sich gegenüber dem Kommunismus naiv zu verhalten. Naivlinge und Ignoranten bewirkten, dass die Schweiz zum Emmentaler Löcherkäse werde. Im übrigen möchte er nicht plötzlich in ein sibirisches Arbeitslager transportiert werden. Da stünden ihm die viel gelästerten Amerikaner – wie wohl jedem rechten Schweizer – denn doch näher.

Mittwoch, 5. Juni

Mir fehlen Unterrichtsmaterialien.

Kollege R. spürt meine verheimlichte Not. Griff zur Schachtel mit seinen Unterlagen. Papiere, Bilder, Videokassetten. Natürlich, ich darf mitsuchen. Gemeinsam finden wir. Da könnte man doch ... nun quillts, das Material in Händen, vom Geist in den Mund. Enthusiasmus, auf mich überspringend. Neue stoffliche und methodische Konstellationen. Das gemeinsame Suchen, beteuert er, sei kein Zeitverlust für ihn, im Gegenteil.

Die Hoffnung, es möchten viele unter uns Lehrerinnen und Lehrern der Betäubung durch die ausgebeuteten pädagogischen Formeln trotzen und - dank einer prallen Portion Unbekümmertheit, einer scharfen Prise Rebellion - das verwirklichen, wozu die gedankenlos repetierten Teamarbeitsfloskeln mehr hilfos als tüchtig machen.

Freitag, 12. Juli

- *Tagebuch*

Die Absicht, der ungeordneten Welt einen eigenen Formversuch entgegenzustellen, damit man an Ordnung noch zu glauben vermag. Der Versuch brüchig; aber er bietet genügend Rückenstütze für das weltüberschwemmte Ich. Die Angst wird eingefasst, kann als Furcht besser angegangen werden.

- *Erinnerungsarbeit*

Die Versuche, vergangene Dinge aus imaginären Seelenschächten heraufzuholen, ist voller Tücken. Manches bleibt unkenntlich, manches entfällt, zerfällt, sobald es gehoben scheint, manches wechselt Form, Farbe, Geruch, verändert Dichte, Folge und Zusammenhang.

Nichts, das als Reines, Ursprüngliches ergriffen werden könnte.

Was wird im Vorgang des Beschreibens hervorgehoben, fallengelassen, neu zusammengesetzt, teils verschönert, teils vergruselt, vielfach reduziert auf Griffiges, begradigt auf Stetiges, beschränkt auf Plausibles? Wagt man genau hinzusehen und wiederzugeben, dann, plötzlich, drängen sich Irritationen, Widersprüche, Paradoxien vor. Rückschritt verstört den beabsichtigten Gang.

Die Rede vom Reinen, Ursprünglichen: also noch die Annahme eines letzten guten Kerns? Die Metapher von den Seelenschächten: also noch der Glaube, unterhalb des Sichtbaren verberge sich eine Tiefe?

So flüchtig die Geschehnisse erscheinen, dahinter wird sich ein Festes, ein Dauerhaftes entdecken lassen. Das Spiel des Lebens mag absurd wirken, das Zufällige allmächtig, die Hoffnung auf vernünftige Lenkung, auf Höherentwicklung, auf göttlichen Sinn im individuellen, im kollektiven Leben jedoch ist nicht auszulöschen.

Die Frage einer angehenden Lehrerin: Wenn man an einen günstigen Fortgang der menschlichen Geschichte nicht glaubt, welches Recht hat man, in einer Schule zu wirken?

Skepsis gegenüber übergreifenden metaphysischen Architekturen, Zweifel an der Existenz der einzigen Wahrheit, was tut man damit in der Erziehung? Wieviel Unsicherheit halten Kinder aus? - Also doch *tun als ob*?

Dienstag, 10. September

Verschiedene Schüler und Schülerinnen fehlen. Sommergrippe. Ich packe die Chance, gebe Raum für aussercurriculare Einfälle.

M. meldet sich, füllt das Vakuum mit einer Geschichte, die ihn aufgerüttelt hat. Bericht über einen Frauenmörder, der sich, mehrere Psychiater täuschend, dadurch dem Strang habe zu entziehen versucht, dass er sich als multiple schizophrene Persönlichkeit ausgegeben habe. Expertenstreit der Psychiater. Der Rorschach-Persönlichkeitstest, welcher auf die richtige Spur führen soll.

Man möchte von mir wissen, was es mit Mördertum, Schizophrenie, Hypnose und Rorschach-Test auf sich habe.

Früher tappte ich regelmässig in die Falle. Ich liess sogenannt gesichertes Wissen, Wissen in Endform, wie Feuersalven von mir los. Der motivierende Momenteneffekt stand ausser Zweifel. Die gespannten Gesichter, die Gesten des Sichwunderns waren mehr als nur Wunschwahrnehmungen. Meist aber gegen Schluss zeigte sich eine höflich kaschierte Enttäuschung. Nein, das war nicht, was man wissen wollte. Jedoch hätte man kaum zu sagen vermocht, was die wirkliche Frage war, auf die man nun die falsche oder eine vorschnelle Antwort erhalten hatte.

Das Wissen, das losgekoppelt bleibt von der persönlichen Frage, losgekoppelt von der individuellen Entdeckung, wirkt kaum nachhaltig, vermag, vermutlich, in vielen Fällen nicht handlungsbedeutsam zu werden. Brockenhaft bleibt es irgendwo im Hirngerümpel liegen, verstopft die Eingänge, wird wie Kot wieder ausgeschieden. Anders nun, hoffe ich, beim Versuch, dem Werden des Wissens noch einmal nachzugehen, in persönlich akzentuierter Form, als Lehrende wie als Lernende, und sich dabei zu weigern, die Behauptung von der Vielzahl der Stoffe, die wir wie Waren zu konsumieren hätten, damit unser Überleben gesichert bleibe, zu glauben. Vielmehr gälte es, die rechten Fragen auszugraben.

Auf diesem Umweg erreichten wir, jetzt, das, was JUNG mit dem Bild des Schattens zu fassen probiert hatte. Die Mörder, die Schizophrenen, die Verrückten, sie sind nicht durch Systematik aus unserem Alltagsverkehr zu entfernen. Es darf nicht gelingen, dass die schwarzen Dinge schroff wissenschaftlich aus unserem persönlichen Leben getilgt werden. Das Wissen, noch undeutlich, wurde wach: ohne das wir mit Extremen der Pathologie zusammenfallen, da sind doch unterirdische Tunnels, Gänge der Schwärze, auch in uns, verhindern billiges Etikettieren, wecken, im günstigen Fall, kritische Toleranz.

Und dazu – riskantes pädagogisches Schaukelstück in meiner Verantwortung – sollte doch auch Schutz vor amorphem Selbstbezug gewährt werden.

Versuche: *Brüche und Balancen*

Donnerstag, 19. September

- *Im Bus*

Ganz vorne entdeckt er seinen grossen Copain, einen angehenden Lehrer. Mit einem Hieb auf die Schulter gibt er sich ihm zu erkennen. Lachen, Umarmung.

Energische Handbewegung. Der Platz neben dem Lehrercopain soll freigegeben werden. Missmutiges Wegrücken. Er plaziert sich, ohne eine Miene seines hasenschartigen Gesichtes zu verziehen. Plötzlich ein weiterer Fausthieb an den Arm des neuen Nachbarn. Gib weiter. Wellengleich pflanzen sich die Püffe fort, bis zum Ende der dichtbesetzten Reihe. Die Welle, anfänglich mürrisch, dann überschäumend in Gelächter und Freude.

Ein Bus voll Nähe und Herzlichkeit.

Haltestelle bei der Normalschule.

Alle steigen aus, bis auf ihn. Er fährt weiter - zur Schule für die Lernbehinderten.

Dienstag, 22. Oktober

Vorbereitungslektüre am Abend (KERSCHENSTEINER. Die Seele des Erziehers, 1927).

Was mich anspringt - und befremdet:

"Der Erzieher ist eine im geistigen Dienste einer Gemeinschaft stehende Lebensform des sozialen Grundtypus, die aus reiner Neigung zum werdenden, unmündigen Menschen als einem eigenartigen zukünftigen Träger zeitloser Werte dessen seelische Gestaltung nach Massgabe seiner besonderen Bildsamkeit in dauernder Bestimmtheit zu beeinflussen imstande ist und in der Betätigung dieser Neigung ihre höchste Befriedigung findet ..."

"Hieraus folgt unmittelbar, dass die Tätigkeit des Erziehers eine völlig selbstlose ist, d.h. bloss aus der sittlichen Idee der Gemeinschaft fliesst ..."

"Die Macht, die vom rechten Erzieher ausgeübt wird, ist die Macht der Liebe, die Macht gefühlter geistiger und moralischer Überlegenheit, die Macht der sittlichen Werte ..."

"An die Seite der sozialen und religiösen Grundforderung, beide in der weiten Fassung, wie sie sich notwendig aus der Bildungsidee ergibt, tritt eine dritte Grundforderung, die ich bisher in einem gesunden Volke für selbstverständlich hielt, die Organisation aus der nationalen Idee ..."

Ich erinnere mich, KERSCHENSTEINER früher mit Begeisterung gelesen zu haben.

Montag, 4. November

- *Neokonservatismus*

Dinge, die lange nicht mehr gesagt werden durften, dürfen wieder gesagt werden. Die Begriffe Ordnung, Tradition, Vererbung, Leistung usw., lange verpönt, dürfen sie nun wieder Diskussionen beherrschen. Bewahren ist, endlich, nicht mehr beschämend. Nicht alles und jedes muss – wie bisher – fortwährend umgekrempelt werden. Unausweichliche zyklische Bewegung?, fragt sich (mich) mein Kollege, der weitherum als Linker etikettiert wird.

Einen Augenblick sitzen wir den selbstgestellten Fallen auf.

Danach. Sind wir sicher, dass der Zeitgeist mit dem Begriff Neokonservatismus (NK) richtig erfasst ist? Stellt der NK überhaupt ein einheitliches Phänomen dar? Wie steht der heutige NK zum NK früherer Zeiten? Gälte es, einen NK der Oberfläche von einem NK der Tiefe zu unterscheiden? Und was hat es auf sich mit dem so fassbaren Bild von der zyklischen Bewegung? Verknüpfen wir die Hoffnung damit, stets höherzusteigen, eventuell gar dank dem, dass wir uns anstrengen? Oder lesen wir daraus nur unsere Machtlosigkeit, allfällig den Zynismus einer höheren Macht?

Donnerstag, 7. November

Auf die Frage des Prüfenden, was sie (Geschichtsstudentin) aus der Geschichte des 19. Jahrhunderts lernen könne, sie persönlich, antwortet die Kandidatin fassungslos:

"Dazu weiss ich nichts zu sagen, auf diese Frage bin ich nicht vorbereitet."

• *Lesefrucht*

"Man kann etwas beherrschen, ohne je in ihm präsent geworden zu sein. Man kann etwas lernen, studieren, abgeprüft bekommen - ohne es im Ernst zu kennen, ohne wirklich von ihm berührt zu sein. Man kann souverän über Erkenntnisse verfügen, sie anwenden, vielleicht auch weiterführen - und unversehns merken, dass sie einem gleichgültig sind; dass man persönlich keinerlei Haftung für ihre Triftigkeit oder Bedeutung einzugehen bereit oder imstande wäre. Sie sind einem egal. Andere, ferne Instanzen und Autoritäten sind verantwortlich. Ich fühle mich nicht zuständig (in der Frage, ob Goethe gut war; ob die Erde sich dreht; ob es Atome gibt; ob das Beharrungsvermögen stimmt) -, und niemand kann mich persönlich zur Verantwortung ziehen. Wofür gibt es schliesslich Experten und Lexika? Man kann 13 oder 18 Jahre als Schüler, als Student in unseren Bildungseinrichtungen hauptberuflich beschult, instruiert, ausgebildet werden, ohne jemals mit eigenen Händen, aus eigener Kraft, aufgrund der Erfahrungen der eigenen Sinne und der daran geknüpften Gedanken etwas Handgreifliches getan, hergestellt, begriffen zu haben" (H. RUMPF, in: *Die übergangene Sinnlichkeit*).

Samstag, 23. November (*draussen Schnee*)

Das Rascheln, Huscheln, Zischeln der Laubvölker, welches bisher die Waldgänge begleitete, ist auf einen Schlag dem flockigen Dämpfer zum Opfer gefallen. Die Sinne sind nun frei für entlegene Geräusche und Gebilde. Helle Töne eines Kirchenglockengeläutes. Nah in ihrer Ferne, die aneinandergekuschelten Häuser des Bauernweilers W. Heimatstimmung und Nähegefühl ersticken allerdings bald in den Erinnerungen an Schweinemastgreuel, Traktorenpopanz, besinnungslose herrschaftsbäuerliche Düngungswut.

Jede Idylle nur noch glitterige Haut auf vulkanösem Grund.

In meinen Postunterlagen finde ich ein Flugblatt, das eine Gruppe von Schülerinnen verfasste. An die Adresse der Mitschülerinnen und Lehrerinnen gerichtet, formulieren sie.

Was wir kaum glauben können: dass man heute, in einer Welt, die über alle Massen verschmutzt ist, noch unnötig sein Moped und sein Auto gebrauchen kann.

Wir vertrauen auf Euch, dass Ihr uns helft, eine Zukunft zu haben.

Naives Vertrauen auf freiwillige individuelle Umkehr? Mag sein. Und doch: das gute Recht von Jugendlichen, welche nicht jede Unternehmung mit einer kaufmännischen Messlatte überprüfen wollen. Sie wagen, empört und hoffnungsvoll, den "unmöglichen" Appell.

Mit den eigenen Händen greifen ...

Ein Versuch schulhausbezogener Projektarbeit

Montag, 27. Mai

Morgen soll das Jugendwoche-Projekt, der praktische Teil, starten. Dann wird sich weisen, ob sich die Tage, die Wochen der Vorbereitung gelohnt haben.

März bis Mai (*Vorbereitung*)

Der rauschhafte Anfang. Ideenstürme. Die Formeln, aus dem Repertoire der Schulreformer mancher Zeit, purzeln: Herz und Hand statt nur Hirn; Erfahrung statt Belehrung; Verknüpfung und Gesamtschau statt ausschliesslicher Analyse und Fachsicht; Lernen und Leben verbinden, eine Woche lang wenigstens; Arbeit, Freizeit auf Schule beziehen, damit Schulmauern, teilweise, aufsprengen; hinaustreten in die Wirklichkeit des Ausserschulischen, ausserschulischer Realität, nicht sorglos, aber mutig, Einlass gewähren in Räume, welche sonst nur für Wohlgeprüftes offenstehen. Für eine Woche sollen Übungen im Rechtschreiben, Übersetzen, Hochspringen und Didaktisieren, sollen Zerlegungen von Brecht, Wiesenblumen, Schubertscher Partitur und verhaltensgestörten Seelen nicht mehr genügen; Erlebnis und Gegenwart, Spiel und Tanz dürfen triumphieren; aber auch: Arbeitsverknappung, Automatisierung, Zukunftsangst sollen Stichworte in Diskussion und projektartiger Unternehmung bilden.

Dazu: die gemeinsame Sache, das Profil "unserer Schule" verdeutlichen, präsentieren.

Schule im Sog reformpädagogischer Metaphern (Ganzheitlichkeit, Gemeinschaftlichkeit, Lebensnähe): Es braucht Nachweise, dass man nicht einfach der Attraktion einer pädagogischer Romantik erliegt. Rumoren in früheren Texten, Versuch, Einwände zu antipizieren.

Versuche: *Brüche und Balancen*

Sitzung um Sitzung, vorerst im kleinen Zirkel von Freiwilligen, mit der Furcht im Rücken, Misstrauen auszulösen. Ich bin froh, dass M. mitplant. Er durchkreuzt, fröhlich, unbekümmert, meine Neigung, Tribunale zu errichten, bevor erste Schritte gewagt sind. Die Ideen stürmen, Konkretion wird studiert, die Abwägung des Für und Wider, anfänglich, zurückgehalten. Was möglich ist: schulischen Wohnraum verbessern; Umweltschutzaktionen unternehmen, zum Beispiel: Wald säubern, Hecken pflanzen; Betriebe erkunden, dabei das Gespräch mit Lehrlingen pflegen; mit jugendlichen Behinderten zusammenarbeiten; sich auseinandersetzen mit Brennpunkten jugendlicher Freizeitkulturen; ein Sportfest gestalten, ein Jugendfest.

Der Kreis der Planungspersonen wird erweitert, auch oder gerade kritische Lehrer und Lehrerinnen werden zum Mittun aufgefordert. Wie stellen sie sich zur bisherigen Planung?

Schön, *aber*. Viele Einfälle, aber wo bleibt der verbindende Faden? Viel Eiscrème, aber wird das Engagement der Schüler und Schülerinnen noch standhalten, wenn das Süsszeug weggeschleckt sein wird? Wo sind die Schutzwälle gegen, zum Beispiel, politische Willkür?

Sicherungen werden vorgeschlagen: Minima an schriftlichen Planungsbelegen, Ergebnisdokumenten, an Pflichtstunden, an Anwesenheitsausweisen. Ferner Sicherungen, damit Schulmaterialien nicht missbraucht werden können.

Einbezug der Schüler und Schülerinnen. Sie hören sich unsere Vorschläge an, lachen viel, sind unbesorgt, legen ihre Vorstellungen aus: Strassenmusik, Morgenessen, Jugendfest, mit Verkleidung, Disco, Gestaltung der Mensa, Pausenplatzaktionen, Bemalen von grauen Betonwänden, viel Sport und Handwerk.

Wir versuchen die Ansprüche höherzuschrauben, machen Auflagen, dämpfen mit Theorie: Was kennzeichnet Projekte? Wir lesen bei deutschen Autoren:

Schülerinteressen / Gemeinsame Planung / Offene und revisionsfähige Planung / Gesellschaftliche Bedeutung / Ergebnisorientierung / Ganzheitlichkeit / Kooperation / Fachüberschreitung.

Welche Schritte sind zu unternehmen? Wir lesen bei den deutschen Autoren weiter:

Projektfestlegung / Projektplanung / Lösungserarbeitung / Projektrealisierung / Projektkritik / Lösungsrevision.

Wie wird Projektarbeit strukturiert? Die Didaktiker unter uns kreieren eigene Papiere, mit Leitfragen. Demnach ist zu fragen:

Was passiert auf der sachstrukturellen Ebene? / Was passiert auf der instrumentell-organisatorischen Eben? / Was passiert auf der Beziehungsebene?

Sitzung der Planungsgruppe. Das Misstrauen, welches einem umweltpolitischen Thema (umstrittener Bau eines Autobahnabschnittes) entgegengebracht wird, bringt Unruhe. Einer warnt: Es könnte das Kollegium gespalten werden. - Wir halten dafür, Konflikte dürften nicht abhalten. Versucht werden muss, im Hintergrund schwirrende Gerüchte ins Konstruktive zu wenden. Darin liegt, weil es fortgesetzt nötig ist, Anstrengung, die mir an den Magen geht ...

Zuversicht. Zu einigen prächtigen Kollegen und Schülerinnen, welche die Planungsgruppe konstituieren, stösst Kollege W. Viel Wärme, die von ihm ausstrahlt. Hat es mit seinem Äusseren zu tun, mit der so gar nicht bejoggten, nicht bemagerten Gestalt? Hängt es mit den Zugeständnissen zusammen?, dass ihm Schule, zeitweilig, den Schlaf raube; dass ihm die Schülerinnen nicht als Neutren gegenüberständen, sondern als anziehende, als abstossende Wesen aus Fleisch und Blut; dass ihm Streite unter Kollegen und Kolleginnen Kopfschmerzen, institutionelle Enge Angstträume verursache.

Sokratisch sein Stillstehen, Fragen, Zweifeln. Dabei, seltene Wohltat, alles ohne Mache und herrschaftslehrerliche Attitüde.

Versuche: *Brüche und Balancen*

Erste Aktionen. Raumveränderungen. Stellwände verengen den Zugang zur Mensa, was von einigen Kollegen als Jochgang für die Lehrkräfte und, insbesondere, für das einquartierte goldberingte Militär missdeutet wird. Böse Worte - und Abbruch der Übung. Darauf ein erzürnter Lehrer, der am Mittagstisch mit der Faust auf den Tisch haut, was eine Kaffetasse aus der Fassung bringt.

Uneinigkeit, ob ein Lehrer so die Beherrschung verlieren dürfe.

Konsensformel für das umweltpolitische Unternehmen. Die Pflicht zur ausgewogenen Analyse und Information wird festgehalten. Am Stand, den die Gruppe erstellen will, soll Pro und Kontra plakatiert werden. Das Recht, den eigenen Standpunkt zu formulieren, wird der Gruppe nicht bestritten.

Die Jugendwoche wird eingefestet. So haben es, vorab, die Schülerinnen in der Planungsgruppe vorgeschlagen, und die Lehrer stimmten zu, mixen jetzt kräftig mit.

Mittag, in der Mensa unseres Schulhauses. Schnelle Rhythmen einer Schülerinnenband; in Kleidern der Nostalgie – schwarz; teils streng, teils lockerrüschlig – trompeten, schlagzeugen, klavieren vier Jugendliche, setzen die mutigeren, die unverkrampften Schülerinnen und Lehrer in Vibration, da trippelts und drehts und schwingts in immer grösseren Kreisen, Wirbel formieren sich, stossen aneinander, es naht Trance bei den ausgelassensten unter den Tanzenden, während kontrolliertere noch Ärger über Schienbeintritte zu schlucken haben. Möglich, dass auch Nervenkorsette zu vibrieren beginnen, unter den Phonstärken fast zusammenbrechen. Aber Fröhlichkeit oder doch Toleranz überwiegt; allfälliger Unwille wagt kaum eine Stirne zu falten, härtet höchstens, unerkannt, einen Nacken.

Ein Gespräch nach der Konferenz, vor der Türe.

Das, was Kollege L. sich vorstellt, ist nie realisierbar, nie. Da überschätzt er die Bereitschaft und den Willen der Schüler und Schülerinnen gewaltig. Wenn die sich anstrengen müssen!

Ich höre nur zu, entgegne nichts, unterdrücke mit Mühe ein Nicken. Dabei bin ich gegenteiliger Meinung.

Täusche ich mich nicht, wenn ich annehme, der Sache besser zu dienen, indem ich meinen Widerspruch unterschlage?

28. Mai bis 1. Juni (*Durchführung*)
Ballonwettbewerb als Start.

Alle starren zum Himmel, alle geben sich Mühe, fröhlich zu wirken, alle wünschen sich und dem gemeinsamen Unternehmen ein gutes Gelingen, alle hoffen auf Aufregendes, Nachhaltiges. Es will sich (noch) nicht einstellen, was nicht wenige Schülerinnen sofort äussern; wir Lehrkräfte ziehen uns (noch) ins Lehrerinnenzimmer zurück, lassen dort dem Unmut freien Lauf.

Beginn der Arbeit mit meiner Gruppe, welche sich vorgenommen hat, zusammen mit Behinderten Werkräume zu erstellen.

Die Vorbesprechungen, welche ich mit dem Leiter der Operation, einem Lehrer und Heilpädagogen, zu führen hatte, brachten, von seiner Seite her, nicht mehr als höfliches Zuhören. Jetzt, fünf Minuten nach Arbeitsbeginn, hört er nur noch auf P., einen Schüler der zweitobersten Klasse, gewesener Schreiner, auf dem zweiten Bildungsweg den Beruf des Lehrers anstrebend. Deutlich fühlbar: Ich bin zum Lehrling geworden, nehme Anordnungen entgegen, zersäge Bretter, die er, P., überprüft, lasse mich aufmuntern, wenn ich danebensäge, warte, bis ich mich nach getaner Arbeit auf Geheiss Ps., ausruhen, auf einem Stapel harzduftender Hölzer auslegen darf. Den Hölzern soll ich nach der Ruhepause mit Kraft und Beil zu Leibe rücken.

Nicht schlecht, ihre Bizeps, sagt P., bevor er sich mit seinen Kameraden wieder anspruchsvoller Zimmerei zuwendet ...

In den Pausen Enpfindung von risslosem Glück. Mit der Zeit konturieren sich auf dem sanften Grunde der Empfindungen Wahrnehmungen: das Gemäuer, Licht und Schatten darin, grüne Hände aus Efeu, das Gewischel und Gezischel einer Echse.

Versuche: *Brüche und Balancen*

B., der Leiter: hager, Bart, Sanftmut. Baut eine Werkstattgruppe für Behinderte auf. Nimmt in Kauf, dass er – vom Lehrer an der heilpädagogischen Schule zum Werkstattleiter befördert – finanziell zurückgestuft wird. Gibt verschiedene Lehrerprivilegien auf, weiss, er wird als Narr betrachtet, hinterrücks. Belächelte Pestalozzi-Moral. - Dass er wenig(er) braucht, das ärgert, vermute ich, die Reiche(re)n, welche das Vielbrauchen kultivieren müssen.

Latten sind aus dem oberen Teil des Gebäudes in den Keller zu befördern. Es sei gut, meint P., wenn mir A., der mongoloide junge Mann, helfe. Bevor ich dazu komme, ihn anzuleiten, stösst A. schon eine Scheibe zu Bruch. Ich weiss, strafen ist unziemlich, auch sinnlos. Aber wie mit ihm reden? Während ich, ratlos, bei den Scherben stehe, holt A. die nächste Latte und torkelt sie fingerbreit neben dem anderen Fensterflügel durch in die schwärzlich-schimmelige Kellertiefe. Er grinst, klopft mir auf die Schulter, schreitet zu weiteren Taten.

Ich entdecke mich dabei, wie ich mich, fortgesetzt, frage, ob die Schülerinnen ihre Aufgabe zur Zufriedenheit des Leiters lösen. Nachlässigem Tun hätte ich rechtzeitig einen Riegel zu schieben. - Professionelles Misstrauen?

Zwischendurch Gespräche mit den Schülerinnen. Es fällt mir, hier im Projektrahmen, leichter zuzuhören als in der offiziellen Schulsituation. Zu häufig, höre ich, trügen die Lehrenden den Schulstoff gefühlneutral vor, so, als sei dieser ein fremdes Stück und nicht auch ein Teil von ihnen. Nur abgespult würden die Stoffprogramme; man verlerne als Lernende, auf den eigenen Beinen zu gehen, mit den eigenen Händen zu greifen, selber abzumessen, welcher Lernschritt zur eigenen Person passt. Lernlust verliere sich dort, wo stets auf Kommando zu lernen sei, die Lernenden stets stillzuhalten hätten, wenn sie den Stoff gefüttert bekämen. Dabei: Alles überfliege die Sinne nur, keine Zeit sei da, damit sich etwas, ausreichend lang, niederlassen könne, sich mit dem verbinden könne, was ihm in der eigenen Person entspreche. Wissen in Endform, Formeln, Abstrakta, Grafiken, ohne sichtbare Linie zu den anschaulichen Wurzeln, solches Wissen müsse einen mit der Zeit totschlagen, um so mehr als es in Riesenkörben über den Lernenden ausgeleert werde.

Und was wäre die Alternative?

Das Natürliche, wie hier, man arbeite, stelle ein Werk her, das einem selbst, das anderen, das einer gemeinsamen Sache diene, man lehre und lerne, was für das gemeinsame Werk, unmittelbar, notwendig sei.

A., mein mongoloider Arbeitskollege, rückt zu mir, schielt auf meine Flasche Zitronenwasser, schnalzt. Greif zu!, ermutige ich ihn. Er reisst die Flasche an die Lippen, schüttet das klebrige Nass in sich hinein, schliesst die Augen, gurrt wohlig. Bächlein jagen ihm den Hals herunter, aussen versickern sie im Kragen des Hemdes, innen schlurrts, gurgelts, dann lässt A. die Flasche sinken, besieht sie im Sonnenflitter, erkennt, sie ist leergetrunken, stellt sie ins Gras, mit einem Ausdruck von Zufriedenheit und Heiterkeit, um den ich ihn beneide ...

Rückmeldung von der Gruppe, welche für das Problem eines fraglichen Autobahnstückes sensibilisieren will.

Sie erfahren viel Zuwendung, die Bevölkerung ist erstaunlich offen: Man scheint eine rauchende, stinkende, lärmende, in Beton und Asphalt und Stahl und Glas gefasste Welt zu fürchten. Nie Anrempelungen, was nicht heisst, man sei bereit, persönliche Konsequenzen zu ziehen.

Hier an unserer Arbeitsstätte kein Rauch, kein Gestank, kein Lärm, wenig Beton und Asphalt sichtbar, dagegen allseits Grün und Blau: die nahezu vollkommene Illusion intakter Natur.

Lauter Überraschungen, wie ich nach fast zweitägiger Abwesenheit wieder zu meiner Arbeitsgruppe stosse.

Unterwegs bereits: Der vormals betongraue und kahle Mensaraum unserer Schule lockt in roten, blauen, grünen Farben, versprüht Humor auf Schildern mit Aufschriften. Lehrer E., den ich auf die Veränderung hin ansprechen will, hat keine Zeit. Von Mitgliedern seiner Gruppe höre ich, dass er pausenlos im Einsatz stehe, dabei mit beträchtlichen Handwerkerqualitäten brilliere (E. gehörte zu den Kritikern der Projektwoche, weil er sich um die notwendige Kontinuität der Lehr-/Lernarbeit sorgte). - Ihre Arbeit erledigt hat – während meiner Abwesenheit – auch meine Gruppe. Zwei Schülerinnen sind auf einer Reise mit Behinderten. Die übrigen Mitglieder sitzen beim Znüni, empfangen mich mit Sprüchen. Natürlich ist die Arbeit weit besser vorangeschritten, während ich an der Uni zu dozieren hatte, die Gruppe somit nicht vom Zupacken abhalten konnte. Aber noch gibt es ja einiges zu beilen und sägen. Dazu ist kaum Handgeschick nötig, nur rohe Kraft ...

Ein Rundgang zeigt: Die gute Laune der Zimmerleute ist berechtigt. Der Keller ist geräumt, Holzgestelle warten auf Kartoffeln, Rüben, Äpfel, Birnen; die Böden blitzen; ein Werkzeugkasten erleichtert im Werkraum die Aufräumearbeit usw.

Gespräch über die Ferien, welche bald beginnen.

Einige suchen Arbeit, möchten sich finanziell unabhängig machen. Nicht leicht, bedauern sie, eine geeignete Arbeit zu finden. Einen Tag lang, sagt T., habe er es in der Fabrik ausgehalten, dann sei er ans Telephon gegangen, habe den Ausstieg angemeldet. Während acht Stunden an einer Maschine, allein, der stets gleiche Handgriff, dazu Öl, Kleider und Kopf verschmiert. Der Lärm grässlich, er hämmerte bis spät in die Nacht hinein in den Ohren. Einer der Arbeiter, ein Italiener, habe zuweilen laut geschrien, fürchterlich mit den Armen gefuchtelt, um den Lärm zu übertönen.

Mitfühlend eine Kameradin: Ich begreife, dass du ausgestiegen bist. Wer will schon seine Gesundheit ruinieren?

Kaum ein Thema in den Gesprächen dieser Woche: die Frage nach den Chancen und Risiken einer Öffnung der Schule. Wieviele Sprünge, Richtungswechsel – sie dürften bei stärkerer Öffnung der Schule gegenüber dem, was wir als Leben bezeichnen, unvermeidbar sein – verträgt Schule (vertragen Lehrende und Lernende)? Oder anders: Wieviel ersehnte Sprünge, Richtungswechsel muss Schule bei Lehrenden und Lernenden niederhalten, in Grüften der Psyche, damit Schule ihre Stärken (Stabilität, Schoncharakter) nicht verliert? Bauen an der Zukunft, geradlinig, stetig, in all dem abgeschirmt von der Realität des Draussen, eine unumgängliche Illusion für die Schulverantwortlichen? Schirmen vor zuviel Lebensernst: so sichern, dass Handlungen nur gespielt, im Spiel erprobt, jederzeit zurückgenommen, ausgetauscht werden können?

Was ist normal?

Frage von RW., dem früheren Leiter der Heilpädagogischen Tagesschule. Er richtet sie an die Schülerinnen, auch an mich, verschwiegt mit einem Beispiel. Einer seiner Schüler, der sich als nicht tüchtig genug erwies, einem nicht sehr fordernden Unterricht zu folgen, verblüffte mit der Fähigkeit, eine Hundertschaft von Kühen zu unterscheiden, jedes Tier mit Namen zu benennen. Dazu fühlt sich RW. ausserstande.

Wer ist nun normal? Wer fällt aus dem Rahmen? Könntet ihr Kühe auseinanderhalten? Nein? Also, seid ihr nun Idioten?

Das Beispiel grotesk. Wer RW. kennt, weiss, er wählt das Groteske mit Absicht.

Die letzte Znünipause vor Arbeitsschluss. Wir essen Brot und Käse, trinken Most. In diesem Brot-Käse-Most-Rahmen fällt der Vorwurf von der ungeheuerlichen Anmassung der Lehrenden, welche immer so täten, als ob ohne sie die Köpfe der Schüler und Schülerinnen leer und unfruchtbar blieben. - Ich wehre mich für meine Zunft, für mich. Ein heftiger Streit, ohne Schmeichelei, Heuchelei, vielmehr scharf und grell, aber wiederum ohne Empfindlichkeit und Sarkasmus, brennt auf.

Am Abend geht mir durch den Kopf: Wann je geschah mir ein Gespräch über Schule, das derart direkt und ehrlich war wie hier - inmitten von Kuhglockengebimmel, Vogelgezwitscher, Bienengesumm, idyllischem Krimskrams.

Sporttag.

Die Wettkämpfe im Schnellauf, Weitsprung, Kugelstossen wickeln sich in Gruppen ab. Sackgumpen zählt soviel wie Ballweitwurf, überhaupt ist das Resultat Nebensache, die Freude wichtiger. Viele versammeln sich bei den New Games. Gelobt wird die Absicht, nicht jeden und jede auf eigene Rechnung und Grösse hin leichtathleten zu lassen. Gerühmt wird auch der Mischungsversuch: Angehende Lehrkräfte sowie Absolventinnen und Absolventen einer Berufsmittelschule scheinen sich zu verstehen, ohne lügen zu müssen, wenigstens auf dem Spiel- und Sportplatz.

Versuche: *Brüche und Balancen*

Morgenessen als Abschluss.

Das Wetter hält zu uns, man isst, trinkt, schwatzt, scherzt, tanzt in Schleiern von Sonne. Die Lehrer hocken bei den Schülerinnen, ohne Künstlichkeit. Da und dort ein Einsamer, aber meist nur kurz: Die Jugendlichen sind aufmerksam und feinfühlig.

Eine Lehrergruppe wirft volkstümliche Musikbälle aus: Sie überragt in der Gunst der Zuhörerenden eine rockende Schülerinnenband. Alle wirken heiter, zufrieden.

Man nimmt sich vor, so heiter weiterzufahren, wenn traditionelle Schule wieder herrschen wird.

Projektunterricht

Postulate, Erfahrungen

Ein gutes Projekt nimmt seinen Ausgang von Aufgaben des alltäglichen Lebens. Nicht die Systematik der Wissenschaft, nicht die Einteilung der Schulfächer bestimmt, wie sonst üblich, das Thema.

In manchen Fällen erweist es sich als schwierig, das Fragwürdige der alltäglichen Phänomene zu entdecken. Schritte hinter das Vordergründige, das gelegentlich nur Scheinklare zu tun, erfordert viel Anstrengung. Schwer hält es, Fragwürdiges nicht vorschnell mit Antworten zuzudecken.

Ein gutes Projekt knüpft an die Erfahrungen und Interessen der Schüler und Schülerinnen bzw. der Lehrerinnen und Lehrer an.

Erfahrungen und Interessen der Beteiligten können sich im Verlauf einer Projektarbeit ändern. Es scheint notwendig, von Zeit zu Zeit anzuhalten, Weg und Zwischenergebnis zu überprüfen. Unerlässlich ist, dass Lehrerkräfte bei diesem kritischen Überdenken eine leitende Funktion übernehmen. - Es stellt einen schwierigen Balanceakt dar, dabei die Möglichkeiten der Schüler und Schülerinnen nicht erneut zu überwältigen.

Ein gutes Projekt ist bezogen auf die Interessen der Lernenden, erschöpft sich aber nicht darin, private Bedürfnisse zu erfüllen. Ebenso bedeutsam ist der Versuch, mit der Projektarbeit ein Stück gesellschaftlicher Wirklichkeit zu erhellen, im günstigen Fall zu verändern.

Die Aufgabe, individuelle Interessen mit gesellschaftlichen zu verknüpfen, stellt sich in der Realität häufig als anspruchsvolle Aufgabe dar. - Es kann helfen, in einem frühen Stadium der Projektarbeit danach zu fragen, wem ein Arbeitsprozess bzw. ein Arbeitsergebnis dienen soll. Nicht immer wird das veröffentlichte Ergebnis beruhigend wirken ...

Ein gutes Projekt verläuft nicht plan- und ziellos. Zielführend und wegleitend ist aber nicht einfach das, was die Lehrkraft festlegt, sondern das, was Lehrende und Lernende in gemeinsamer Arbeit als notwendig erkennen.

Versuche: *Brüche und Balancen*

Der blosse Grundsatz, eine Aufgabe gemeinsam zu lösen, trägt oft nicht weit. Auch eine gute Gruppe wird sich der Aufgabe stellen müssen, Regeln zu erarbeiten, Vorgänge zu strukturieren, an materielle Grundlagen (und Beschränkungen) zu denken. Projekte kosten, reiben sich an Hausordnungen, machen, wieder und wieder, klärende Gespräche notwendig.

Ein gutes Projekt fordert das Lernen "mit Hirn, Herz und Händen". Verknüpft wird, was im schulischen Lehrgang (wie in der mehrheitlich arbeitsteilig organisierten Arbeitswelt) aufgespalten abläuft. Denken und Handeln, Erleben und Erkennen, Arbeiten und Geniessen treten näher zusammen.

Projekte können im blossen Tunalsob, in Bewegtheit um der Bewegung willen, in Spielerei steckenbleiben. Es hilft kaum, wenn sich Lehrkräfte, um diesen Gefahren auszuweichen, den gewohnten Rollenmustern zuwenden und das Geschehen einseitig zu bestimmen versuchen.

Besser dürfte es sein, sich bewusst zu bleiben, dass pädagogische Handlungen nicht linear verlaufen, nicht wirkungssicher sind. Sachkenntnis und guter Wille sind gefragt; Perfektionsansprüche hindern.

Schule draussen vor der Tür

Über den schwierigen Versuch, die Schule zu öffnen

"Stoffe schieben, das geht. Aber Schule so gestalten, dass sie etwas mit dem Leben der Jugendlichen zu tun hat, das ist schwierig."

Lehrer G. sagt es, nicht anklagend, nicht resigniert. Er stellt fest, aber mit einem Fibrieren in der Stimme, welches anzeigt, dass er sich mit blossen Feststellungen nicht zufrieden gibt. Seit dem Ende seiner Ausbildung zum Lehrer wirkt er an den Oberklassen in Z. Einer, der sich für die Schule engagiert, höre ich von Bekannten. Es tönt anerkennend, auch verwundert. In einem Viertel, in dem Arbeitslosigkeit und neue Armut drohen, was soll da der Einsatz ohne Feierabend? Die Kräfte werden erlahmen, kaum jemand wird den Einsatz verdanken.

Selbstverständlich, ich darf die Schule besuchen. "Nur", fügt Lehrer G. bei, "kommen Sie früh genug. Dann erleben Sie, was vor der Schulhaustür abläuft."

Frühauf.

Mit dem Postauto zum Bahnhof Biel.

Korridore aus Stein, aus Asphalt, aus Geschäftstüchtigkeit. Autos darin, Busse, Fahrräder. Die Fussgänger hasten an Schaufenstern vorüber, in denen sich auserlesene Eleganz und alltäglicher Glitter unbekümmert mischt. Uhren mit Diamanten, Paloma Picasso Parfums, goldbesetzte Geräte der Haute Coiffure - und nebenan Billiges, Kitschiges im Multipack, Sonderverkauf als Dauerzustand. Die unendliche Leichtigkeit der Bieler und Bielerinnen, Gegensätzliches zu vermischen oder doch friedlich zusammenleben zu lassen. Deutsch und Welsch, Alt und Jung, Reich und Arm: In Biel sind sich die konträren Dinge näher als im vornehmen Bern oder im schwermütigen Jura. Traditionen allerdings kippt man, wie Kritiker monieren, in Biel gar sorglos über Bord, wenn es gilt, den Traum vom "american way of life" zu verwirklichen. An ein Wunder grenzt, wie sich im fiebrigen ökonomischen Auf und Ab der Zukunftsstadt eine mittelalterliche Insel aus Gassen, Giebelhäusern, Türmchen mit Nischen für Ausgeflipptes und Verstossenes vor der Überwucherung durch gewalttätigen Kommerz schützen konnte.

Versuche: *Brüche und Balancen*

Lockeres postmodernes Spiel mit "Spirit of Biel/Bienne": Ist demnach die Zukunftsstadt auch eine Stadt für Kinder? Nicht leicht dürfte es sein, argwöhne ich, in einem Ort mit regellos zerfliessenden äusseren Grenzen seine inneren Grenzen zu finden.

Auf Seitenwegen strebe ich dem Schulhaus Z. zu. Das anfänglich dominante Grün – Erholungsraum mit versteckter Sondermülldeponie – stürzt plötzlich in schweres Grau: kantige kahle Klötze: das Wohnviertel. Verwunderlich erscheint, dass aus derart klotziger Kahlheit soviel farbiges Kinderleben strömen kann. Der Strom kollidiert, in der Nähe der Haupstrasse, mit dem Ernst der Erwachsenen. Ein Knabe hält gravitätisch die Hand hoch, die Autokolonne stoppt. Das Lachen hüpft über die Strasse, erreicht das Schulhaus.

Heitere Schulwelt. Die Anstrengungen einer kindzugewandten Lehrerschaft zahlen sich aus. Nirgends entdecke ich böse Graffitisprüche, kein "Tod dem lebensfeindlichen Schulsystem" wie im Zentrum Berns, kein "Schule macht Angst". Natur- und Heimatverbundenes ziert die Betonwände: Bäume mit Vögeln, Blumen mit Schmetterlingen, ein Alpaufzug mit Schweizerfähnchen. Die Schulglocke schrillt, nur inselhaft und leicht stimmbrüchig bleibt das Lachen in einer Ecke des Pausenplatzes zurück. Eine Gruppe von Jugendlichen umringt eine Gestalt, welche alle anderen überragt - Lehrer G. Er weist an, die Jugendlichen entfernen sich, kehren zurück mit Fahrrädern und Mofas. Ein Motorradmechaniker, ein Polizist und ein Arzt werden, so teilte mir Lehrer G. mit, den Unterricht an diesem Morgen mitgestalten. Verkehrsprobleme stünden an, als reale, als ernsthafte Sachverhalte, also nicht wie üblich nur als Stücke der Belehrung. Und ernsthaft sind die Fragen, welche die Schüler und Schülerinnen gesammelt haben. Warum verpasst uns die Polizei bei kleinsten Vergehen einen Bussenzettel? Was darf ich an meinem Töffli eigenhändig reparieren, abändern? Warum war es bis jetzt nicht möglich, eine Quartierstrasse fürs Fussballspielen und Rollbrettfahren freizugeben? Warum wird wenig dagegen getan, dass in unserem Quartier Menschen angefahren und verletzt werden? Was könnte unternommen werden, damit mehr Menschen auf öffentliche Verkehrsmittel umsteigen?

Donnerstagschule. Ein Tag in der Woche, an dem nicht alles voneinander getrennt wird. Statt Doppellektionen Deutsch und Rechnen, statt Lektionenhäppchen Turnen, Musik und Geographie schafft man sich Raum für ein alltagsnahes Thema, das sich gegen vorschnelle Trennungen und spezialisierte Bearbeitungen sperrt. Ein Thema, das Lehrkräfte wie Schülerinnen und Schüler herausfordern kann, sich intensiv auf die Suche zu machen, ohne Zeitdruck, gründlich, eigenen Fragen und Zweifeln entlang. Weiss man nicht weiter, holt man sich Expertinnen und Experten, Eltern, Nachbarn, Fachleute aus dem öffentlichen Leben, Pensionierte mit ungenutzter Erfahrung und Kraft und viel Gelassenheit.

Unterdessen habe ich mich dem Arbeitsort genähert, den der Arzt, zusammen mit Lehrer G., betreut. Es werden Unfallsituationen simuliert; es wird besprochen, erprobt, was vor einem Unfall hätte geschehen müssen; es wird angeleitet, wie Verletzten geholfen wird. Wärme erhalten, korrekt lagern, Blut stillen, einen Notverband anlegen. - Der Arzt steht im Zentrum. G. beobachtet, ermutigt, klärt. Er drängt nicht, wenig Gesten, wenig Worte, doch das Wenige genügt ihm, um sich Gehör zu verschaffen.

Ich wechsle zum Arbeitsplatz der Töffligruppe.

Der alte Mann ganz in Blau. Ehemaliger Velomechaniker, aber auch Motorradfreak. Kein Töff-Grandprix von Hockenheim ohne Herr F. Davon weiss er zu erzählen, bis die Jugendlichen beduselt sind von Bildern mit jaulenden "heissen Stühlen" und akrobatisch in die Kurven schlingernden Fahrern in Ledermontur. Bei aller Begeisterung für seinen Rennsport vergisst er nicht, was er hier und heute zu tun hat: Informieren, wie ein rechter Kleintöff funktioniert; orientieren über die Bestandteile – Kolben, Vergaser, Kette, Zündkerze –; schliesslich warnen. Minidefekte kann jeder beheben. Für gewichtigere Probleme ist der Profi zuständig. Frisieren, nein das geht nicht. Sicher, auch er hat mal ..., früher. Er zwinkert mit den Augen, droht mit grimmiger Geste, kniet beim Gerät nieder, hantiert - geheim. So, jetzt sucht nach den Pannen. Wetten, keiner ist imstande, den Schaden zu beheben. Man lacht, packt zu. Wenig später erlebe ich mit, wie der Laienlehrer und die Schülerinnen durchaus bereit sind, sich der Frage zu stellen, ob Motorräder und Autos weiterhin als heilige Kühe unserer Zeit gepflegt werden dürfen. Alternative Beförderungsmittel werden diskutiert, die Attraktion benzingetriebener Zwei- und Vierräder wird hinterfragt, nicht wegmoralisiert.

Ein Pfeifton. In die Schülergruppen kommt Bewegung. Man schart sich, im Halbkreis, um den Polizisten.

"Ihr habt gemerkt", sagt der Polizist, "wir sind keine Teufel, auch wenn wir Tschugger sind."

Alle lachen.

"Habt ihr Fragen?"

Einer meldet sich: "Warum büsst ihr jeden, der einmal einen Fehler macht?"

"Manchmal", antwortet der Polizist, "möchten wir lieber nicht. Aber da ist das Gesetz. Wer angezeigt wird, den müssen wir büssen. Das ist unsere Pflicht. Erfüllen wir sie nicht, dann stehen wir blöd da vor dem Volk. Du verstehst? Weitere Fragen?"

"Scheisst es euch Polizisten nicht an, so einen Scheissjob zu haben?"

"Nein", sagt der Polizist, kurz aus der Fassung geraten. "Nein, wir tun nur unsere Pflicht. Jemand muss das tun. Und in der Freizeit, glaubt mir, sind wir Polizisten ganz andere Menschen, ganz normale, wie eure Lehrer. Ihr werdet uns irgendwo in einer Beiz finden, beim Kartenspiel, bei einem Bier. Ohne Uniform. Aufgestellt."

Ein Mädchen streckt die Hand hoch. "Würden Sie auch dreinhauen und Tränengas versprühen, wenn Sie riskieren, damit Unschuldige zu treffen?"

"Ja, ungern zwar, aber wir haben unsere Befehle. Und die Vorgesetzten überlegen sich gut, was sie uns befehlen. Will einer nicht mitmachen, dann soll er den Beruf wechseln. Das ist nichts für weiche Knaben. Da brauchts Männer."

"Haben Polizisten auch Angst?", erkundigt sich G.

Die Schüler und Schülerinnen starren auf den Polizisten.

"Ja", sagt der Polizist, "ja". - Schweigen.

"Sofern niemand mehr Fragen hat, gehe ich wieder an meine Arbeit."

Schule draussen vor der Tür

Den Zettel liest er beiläufig vom Boden auf, streckt ihn mir hin. Schmale Augen, spitze Nase, Schirmmütze - offensichtlich hat jemand versucht, den Polizisten zu karikieren. "Comic von P.", sagt Lehrer G. "Mein Problemfall. Er sitzt stundenlang brav an seinem Pult. Scheint wenig von dem mitzukriegen, was im Unterricht abläuft. Aber da sind seine Zeichnungen. Ich erinnere mich an eine Zeichnung, da standen schwarze Türme in einer Wüste mit Steinen. Einzelne Baumstümpfe waren zu erkennen, mit schlangenartigen Wurzeln. Und das Besondere? Ein Atomschlag habe das angerichtet, kommentierte P. Nur die Türme hätten widerstanden. Und ein Mensch, ein einziger. Er hatte sich in einem der Türme verschanzt und so den Crash überlebt. Eine andere Geschichte ist die mit den Einbrüchen. Während Wochen war mir P. beigestanden, als ich mit einigen Freiwilligen eine Discoanlage herrichtete. P. schleppte Kabel, schlug Nägel ein, mischte Zement. Plötzlich stand die Polizei vor der Türe. In nächtlichen Diebeszügen hatten sich P. und seine Kameraden ein halbes Vermögen zusammengestohlen. Seine Mutter war ahnungslos, war, auf sich allein gestellt, überfordert. Wie weiter? Einfühlsam war die Reaktion der Jugendanwaltschaft. Die stellten klare Limiten bezüglich Freizeit auf, forderten materielle Wiedergutmachung soweit möglich. Bei mir sollte P. weiterhin zimmern dürfen, gemeinsam mit einigen Kameraden. Obs geholfen hat? Ich weiss es nicht. Jedenfalls traten allmählich Teile der hintergründigen Jugendlichenwelt hervor. Nachmittage, Abende mit Videokonsum. Horrorbilder. Knochen, die krachen, durchbohrte, aufgeschlitzte Menschenleiber, die in den Mülleimer des Nachbarn geworfen werden. Zuerst verschlage es einem den Atem, rapportierte einer der Jungen. Man sei wie gelähmt, könne nicht mehr schlafen. Aber das gehe vorüber. Man gewöhne sich, finde es cool, geil. Die Eltern? Die seien froh, Ruhe zu haben."

Lehrer G. erzählt, während wir den Pausenplatz überqueren, um ins Schulhaus zu gelangen. Ich bewundere den Pädagogen, dessen Einsatz übliche Grenzen weit übersteigt. Da wird die Lehreraufgabe neu gefasst. Unterrichten im Zentrum, aber erweitert mit erziehen, beraten, innovieren. Schule wird geöffnet, neue Beziehungen werden gestiftet, bisher Getrenntes wird behutsam verknüpft: der Laie in die Schule geholt, Schule und Freizeit, in Ansätzen, verbunden, zwischen schulischem und gesellschaftlichem Lernen Brücken geschlagen. Ein Lehrer, aufmerksam für das ausserschulische Leben seiner Schüler und Schülerinnen. Da ist er, der Lehrer, wie ihn sich

Versuche: *Brüche und Balancen*

Eltern und Behörden wünschen, glaubt man einer jüngeren bernischen Untersuchung (5. Werkstattbericht Gesamtkonzeption Lehrerbildung, 1989). "Freund" der Schüler (gerecht, einfühlsam, mit "Herz"), eine "Persönlichkeit" (charakterlich reif, integer, mit Ausstrahlung). Ein "guter Kopf", flexibel. In all dem ein "heiterer Optimist". Freuen müssten sich auch Personen der Politik und Wirtschaftsleute: "In unserer Bildungspolitik müssen Kopf, Herz und Hand wieder ins Gleichgewicht gebracht werden. Wir brauchen wieder mehr Persönlichkeiten" -, so der Personaldirektor bei Ciba-Geigy. Damit darf er sich eins wissen mit Schülerinnen und Schülern, welche sich "Menschenbildung" wünschen, einer "persönlicheren Schule" das Wort reden, "Realitätsnähe" beanspruchen (Forum 91).

Grossartig, was Lehrer G. leistet, denke ich, sage es später. G. wehrt ab. Manchmal sei er unsicher, ob das, was er über das blosse Unterrichten hinaus versuche, richtig sei. Eine Garantie für den Erfolg der Anstrengungen gebe es nicht. Grossen Visionen misstraut er. Etwas Zuversicht möchte er vermitteln. Heranwachsende müssten die Zuversicht haben, es könne sich auszahlen, sich eigene Ziele zu setzen und eigene Schritte zu probieren. Dazu brauchen sie neben Ermutigung offene Handlungsräume mit schützendem Rahmen. Nicht das grosse Hoffnungsprogramm will er aufziehen – das Nochmehr, Nochschneller bremsen, den Produktions- und Konsumwettlauf unterbrechen –, aber einen Schulraum gemeinsam mit den Schülern und Schülerinnen verändern, persönlichen Wünschen gemäss und nicht nach bürokratischen Vorgaben; Verantwortliche aus der Politik in die Schule holen, befragen, aufrütteln; ein Fest nicht nur für die Eltern, sondern mit den Eltern (auch den ausländischen) organisieren; den Schülerinnen und Schülern zuhören, wenn sie berichten wollen, was sie in der Freizeit so alles tun. Skeptisch bleibt er gegenüber grossspurigen pädagogischen Konzepten. "Offene Schule", "Community School" - zu häufig werden anstrengungsfreie Wege versprochen, Konflikte vertuscht, Zweifel beschwichtigt. Der Ernstfall bringt Härten, nötigt zu Umwegen. So unterstützen Eltern Initiativen, stellen sie aber im nächsten Moment wieder in Frage. Das Fest, eine gute Sache. Aber müsste nicht eher der Informatikunterricht erweitert werden, vermehrt an die schulischen Abschlüsse gedacht werden? Schön, der Gedanke, das Schulzimmer wohnlicher zu machen. Aber braucht es wildwuchernde Pflanzen? Und was soll das Sofa in der Ecke? Und wer haftet für Material, das in einem lockeren Betrieb in Brüche gehen wird? Und

Schule draussen vor der Tür

ob man in einer so lustbetonten Schule genügend auf die spätere Realität vorbereite, die nun einmal, Gott seis geklagt, Stress, Last und nicht Lust bedeute?

Wir sind im Lehrerinnenzimmer angekommen. Lehrer G. bietet mir Kaffee und Gebäck an. Ich spüre, wie er mich prüfend anschaut. Natürlich weiss ich um die Paradoxien des Lehrberufs, kenne die Dilemmas der Schularbeit. Tief innen aber sitzen sie, die unvermeidlich harmonischen Bilder von den selbstverständlich menschlichen, zugleich intelligenten und sensiblen, staatstreuen und kritischen Lehrerinnen und Lehrern. Verknüpft mit Phantasien von einer Schule, die zugleich lebenswert ist und lebenstüchtig, wirtschaftstüchtig macht, mit allem Notwendigen ausstattet und doch Gemütlichkeit verbreitet. Risse, Brüche passen nicht ins Bild.

Plötzlich, wie er mir Kaffe einschenkt, fällt mich ein anderes Bild an: Lehrer G. mit einer Geige, als Strassenmusikant, oder mit bunten Bällen, ein Jongleur, der Kinder und Erwachsene in seinen Bann zieht, ohne sich ihnen aufzudrängen. Durchlässig wirkt er, etwas traurig, und gleichzeitig neugierig, wach. Hat er Angst vor seiner Aufgabe, die er sich, das ist gewiss, nicht leicht macht?

Nach dem Kaffee, im Schulzimmer.

Schulzimmer? Ein geordnetes Chaos aus Tischen, Stühlen, Harassen mit Spielen, Sofas mit Teppichunterlagen, Regalen mit Büchern und Zeitschriften. Viel Selbstgebasteltes, an den Wänden und querüber an Leinen gehängt Malereien, Zeichnungen, Stoffe. Zuviel der Dinge, zu beliebig hingestreut würden sich die Pädagogentürme Pestalozzi und Montessori sorgen - und sich gleichzeitig freuen am Mut und an der Phantasie, mit der hier Unterschiedliches angenommen, angeregt und, wie ich gleich erfahren kann, überdacht wird. Die Schüler und Schülerinnen haben die Tische zusammengerückt und Gruppenarbeitsplätze erstellt. Diskussionen beginnen. Die Mitglieder zweier Gruppen setzen Texte auf, die eine Redaktionskommission später sichten und für eine Schulzeitungsnummer herrichten wird. Ein Schüler, Blondschopf, hämmert in die Tasten einer klapprigen Schreibmaschine, flucht, wenn er danebenhaut. Ihm obliegt es, einen Brief an ein Behördemitglied ins reine zu schreiben. Läuft alles richtig ab, dann werden

Versuche: *Brüche und Balancen*

sich, im kommenden Monat, Vertreter verschiedener Interessensgruppen an einen Tisch setzen und darüber debattieren, ob mehr Flächen für Velowege auszuzonen sind.

Drei Schüler haben sich auf den Boden gesetzt. Jeder hat einen Stapel Zeitungen vor sich. Schlagzeilen, Verkehrsunfälle betreffend, werden ausgeschnipselt, eine Collage ist geplant. In einer anderen Ecke, unmittelbar neben einem Käfig mit Wüstenmäusen, beugt sich ein Mädchen über eine Kartei, sucht nach Unterlagen über den internationalen Huckepackverkehr. Gefällt ihm der Unterricht? Ja, sicher, allerdings die Rechnungsstunden, die auch wieder anstehen, liebe sie nicht besonders. Der Donnerstagunterricht hingegen sei super. Warum? Es gehe locker zu und her, man könne viel zu dem sagen, was in den Stunden geschehen soll.

Offener Unterricht, der lokal aufgreift, was universal bewegt, der die aktive Teilhabe der Betroffenen ermöglicht, geschützt durch Behörden, welche sich Schulen mit individuellen Gesichtern und mit motivierten Kollegien wünschen - da drängen sie sich mir wieder auf, die Beschwörungsformeln der Reformpädagogen alter und neuer Zeiten. Deutlicher als zuvor halte ich mir die Spannungen und Risiken vor Augen. Schule soll besser mit dem Leben verknüpft werden. Leben jedoch ist nicht gleich Leben, es vervielfältigt sich, sobald es dem Dunstkreis der Feiertagsreden entrinnt. Den Jugendlichen eine erfüllte Gegenwart sichern und sie gleichzeitig vorbereiten auf das künftige Leben: Diese Aufgaben mögen sich in den Träumen der Pädagogen und Pädagoginnen und in den Proklamationen der Politiker bestens vertragen, in der Realität zeigen sich rasch Dissonanzen.

Risse nicht zu leugnen; vor Spannungen nicht, nach hinten oder nach vorn, in Refugien des scheinbar Einfachen, des Gewissen zu flüchten; damit am eigenen Beispiel zeigen, wie widerspruchsvolle Wirklichkeit redlich wahrgenommen, durchdrungen und, obwohl nur bruchstückhaft, nach Chancen einer menschengerechten Veränderung abgesucht werden kann - dies die anspruchsvolle Aufgabe heutiger Lehrkräfte, deren Wirkungsmöglichkeiten sich dort erhöhen, wo sie sich von kooperationswilligen Kollegien getragen wissen.

Ein Idiot der guten Absicht möchte er nicht sein, sagt G., als ich mich verabschiede. Vorgekommen sei, dass er zurückgewiesen habe, was ihm

Eltern oder Behörden aufbürden wollten, nur um selber nicht nachdenken und Hand anlegen zu müssen.

Es bleibt sein beharrliches Dennoch: kleine Schritte tun, damit Schülerinnen und Schüler die Welt besser verstehen und eigene Akzente setzen lernen; die Hoffnung behalten, es wüchsen Menschen heran, welche sich der Verantwortung stellen, daran zu arbeiten, dass die Erde bewohnbar bleibt.

Berliner Impressionen 1991

Berlin in Gewalt, oder: "Auf dem langen Weg zum Hause des Nachbarn"

1. Tag

- *Einfahrt in Berlin*

Der bestürzende Eindruck. Die gelben Ungetümer, mit Schaufeln, mit Zacken, auf Raupen kriechend, in lustlosem Grün, hinter beschädigtem Gemäuer - riesenhafte Bagger. Sie reissen nieder, sie bauen auf. Abräumen, aufbauen. "Das geht jetzt blitzschnell", belehrt mich, unaufgefordert, eine Berlinerin. Abräumen, was das DDR-Regime zwischen friedliche Völker türmte. Aber auch niederreissen und wegräumen, was die Volksausbeuter verlottern liessen. Und so Platz schaffen für Neues, Besseres. Auf der Grundlage der Demokratie und der freien Marktwirtschaft.

- *Bahnhof Zoo*

Man erhält bestätigt, was man schon wusste. Gestank, Gewirr, Gewalt. Wachleute mit Hunden spähen in die Runde. Draussen liegen sie am Boden, eingerollt und in sich verkrochen: Penner und Fixer. Darunter Kinder und Jugendliche. Verlebte Leben.

Ein Mann, vierschrötig und aufgedunsen, pfählt sich vor mir auf, fordert: "Gib mir ne Mark, Mensch!" Er fragt nicht, er befiehlt ...

- *Wohnungssuche*

Kaum Aussicht auf Erfolg, so hörte ich vorher. Der Wohnungsmarkt in Berlin sei korrupt. Phantasievolle Ausnahme: die Mitwohnzentralen. Sie vermitteln Zimmer, Wohnungen, Appartements zu vernünftigen Konditionen. Deshalb jetzt der Aufstieg im Gebäude 227 am Kurfürstendammeck, wo eines dieser Vermietungsbüros untergebracht ist. Das Gebäude wirkt wie eine kolossale Maschine, die Menschen einsaugt, an den Lustbarkeiten der Moderne vorbei hochstemmt, sie gefüllt und entleert wieder ausspeit. Ein Labyrinth aus Lederlook-, In-/Outsider- und Asia Modeshops, dazwischengeschoben ein norwegisches Reisebüro und das Cafe des Westens (Steak und Salat) nebst Laden für den Mann, sich nach oben schraubend zum Billardclub und sich nach unten verlierend im Blue Movie Land der Beate UHSE. Es erscheint möglich, dass jeden Moment TINGUELY aus einer Ecke dieses knatternden Palastes der Banalitäten tritt, seinen Schalk und herzlichen Spott in die Räume prustet, im Kabinett der Wachsfiguren wieder verschwindet.

In dessen Nähe ballt sich ein Klüngel aus vorwiegend dunklen Köpfen: Wohnungssuchende aus Osteuropa, aus Afrika. Ganz nah beisammen, und doch getrennt durch eine Mauer des Schweigens. Sie hangen an den Lippen eines jungen Deutschen, der, schnell und schrill, verschlüsselte Botschaften durchs Telephon treibt. Jeder hofft, dass der Magier am Sendegerät fündig wird.

Berlin International. Ein lustvolles Experiment multinationalen und multikulturellen Zusammenlebens für die einen, ein Nährboden von Gewalt für die anderen. Die dissonante öffentliche Meinung wird rasch erkennbar, wenn man die Tagespresse durchstöbert ...

Am Abend, nachdem ich, mehr gestossen als aus eigenem Antrieb, die menschenüberflutete Promeniermeile am Kurfürstendamm hinter mich gebracht und auch heil die Schmähworte der krähenschwärmig auf einer Steintreppe bei der Gedächtniskirche hockenden Punks passiert habe, die Nachrichten am Fernsehen: *Berlin in Gewalt*. Die Gewalt, so der Sprecher, nehme erschreckend zu in der künftigen Hauptstadt Deutschlands. Pausenplätze voller Krieg: Stellmesser, Schlagringe, Gaspistolen, selbst echte Schusswaffen in den Schulranzen. Die Kinder erhalten zuwenig Zuwendung, zuwenig Wärme, erklärt die Expertin. In einer Spezialsendung zur Jugendgewalt deutet anschliessend, psychoanalytisch versimpelt, ein Psychologieprofessor die Gründe des Fremdenhasses, der vorab im Ex-Osten aufschwillt: Arbeitslosigkeit und Wendeprobleme treffen auf Menschen, die sich ohnehin in einer Phase der Verunsicherung und der Wertsensibilität befinden. Gefühle der Erniedrigung werden dadurch kompensiert, dass man schwache Mitmenschen aussucht, an denen die Aggressionen risikofrei abgesetzt werden können.

Eine Schwarze berichtet unter Tränen, es seien Ausländerkinder von Erwachsenen zusammengeschlagen worden ...

2. Tag

Der Morgen knüpft an den Vortag an. Blüm, Stolpe, Süssmuth, die Ministerin und die Minister sind sich einig in der Sorge um den zunehmenden Rechtsradikalismus. Aber was unternehmen? Beschleunigung des Asylverfahrens? Arbeitsbeschaffungsmassnahmen? Oder auch eine Änderung des Asylgesetzes? In der Presse stosse ich erneut auf konträre Äusserungen. Keinem Menschen darf das Recht abgesprochen werden, in Deutschland zu leben und zu arbeiten, so eine Gruppe von Studierenden, welche zur Wachsamkeit gegen Fremdenhass aufrufen. Und dann: "Nicht noch einmal Auschwitz!" Demgegenüber ein Redaktor, sinngemäss: "Alles hat sein Mass, auch die Toleranz des deutschen Volkes. Niemand will echte politische Flüchtlinge aussperren. Aber jene, die mit dem Asylrecht organisierten Missbrauch betreiben, gilt es auszuschliessen. Und es muss diskutierbar bleiben, wie viele 'Zuwanderer aus fremden Völkern' zu verkraften sind, wenn diese Gesellschaft ihre Toleranz bewahren will ..."

- *Gegen Mittag*

Unterführung in der Nähe des Stuttgarterplatzes. Die Polen sind da. "Das ist zuviel!", hatte mir eine Berliner Gewährsfrau versichert. Decken sich im Westen mit Waren ein, setzen sie im Osten auf korrupte Weise wieder ab. Nicht wenige sind in kriminellen Verbänden organisiert, welche sich mit ausgeklügelter Logistik an kostbare Beute heranmachen. Gefragte Raubstücke sind Autos der Spitzenklasse. Die Menschen am Stuttgarterplatz allerdings scheinen harmlos. Im Tunnel aus Urin-, Benzin- und Pouletgestank stapeln sie die eben erstandenen Waren, schichten Pakete mit Colaflaschen, Bierdosen und Zigaretten aufeinander. Da überquillts aus Säcken, Taschen, Koffern, Körben: neben Alkohol und Nikotin Billigpendulen und Kriegsspielzeuge und Puppen mit Nuckeln und Hellrosaschmollmund. Dunkle Menschen in zerschlissenen Kleidern bücken sich vor zerbeulten Cars, verstauen die Dutzendware in die gierig schluckenden Gepäckräume. Frauen sitzen, schweigsam und breit, auf dicken Säcken zwischen den Cars,

Versuche: *Brüche und Balancen*

---

warten, während es neben ihnen aus Öllecks tropft. Ein Mann eilt ins dünne Gebüsch. Hose runter ... Ich schaue weg. "Sauhunde!", schimpft der Strassenarbeiter, ein Türke. "Sauhunde!" Seit zwanzig Jahren wohnt, arbeitet er in Deutschland. So etwas hat er zuvor nie erlebt. "Viel Arbeit, alles vergeblich. Es sind Sauhunde. Kaufen, verkaufen. Jeden Tag. Jede Nacht. Und sie rauchen, sie trinken. Männer, Frauen, Kinder. Alle rauchen sie. Alle betrinken sie sich. Warum?" Er wendet sich degoutiert ab. Lädt missmutig den Müll auf sein Wägelchen, geht ...

Berlin, die Stadt der Toleranz, so suggerierte mir, glaubhaft, ein Berliner Reiseführer. Alles, was da kreucht und fleucht, fand zeitweilig unter den Röcken der gemütlichen und doch flinken Berliner Grandmama Platz und Schutz. Aber die Gemütlichkeit und Toleranz mag kippen, wenn Fremdes nicht mehr überschaubar und Räuberei (un)heimlich gesteuert erscheint. Wird da nicht einfach Deutschland belagert, ausgesogen, von mafiosen Banden aus der östlichen Fremde gar zu Tode gewürgt? Bereitet die Formel von der multikulturellen Gesellschaft nicht letztlich einer multikriminellen Gesellschaft das Terrain?

Schon bin ich daran, den warnenden Anfragen mehr als nur ein Ohr zu leihen ...

Dann entdecke ich, gleich neben dem Stuttgarterplatz, Zeichen der Unerschrockenheit. "Auch Ignoranz bedeutet Fremdenhass", lese ich auf einem Transparent.

Studierende fordern: "Lasst uns nicht tatenlos rumsitzen, sondern lasst uns aktiv für den Schutz von Ausländerinnen und Ausländern, Schwulen und Lesben sorgen." Mahnrufe wider die Gleichgültigkeit. Appelle zur Solidarität. Solidarität mit allem, was von Gewalt bedroht ist. Solidarität ohne Einschränkung ...

3. Tag

Achten auf ermutigende Zeichen. Das Motto des Tages.

Aber der Tag beginnt anders. Ein Skinhead demonstriert vor dem Mikrophon Härte: "Wir wollen ein reines Deutschland haben!" ... "Die sollen uns nicht unsere Arbeitsplätze wegnehmen!"

Wenig später. Frau Z., 63jährig, dick und geschwind und voll jugendlicher Leidenschaft, ein Vulkan aus Zorn und Güte, wettert los: "Ja die Jugend, was will denn die eigentlich? Hat alles, hat genug zu essen, zu trinken, hat Autos, eine Wohnung - und ist unzufrieden. Arbeit, ja, die müsste man ihnen geben. Jugend muss arbeiten. Arbeitslose Jugendliche stehen doch am Morgen nicht auf, machen die Nacht zum Tage, wenn ehrliche Leute schlafen. Man müsste die älteren Leute vorzeitig pensionieren, die Arbeit den Jungen geben. Ich weiss nicht, wo das noch hinführt. Ich weiss nicht ...

Molotov-Cocktails haben die Skins in eine Asylantenunterkunft geworfen. In ein Zimmer, wo Kinder schliefen. Ein Kind wäre beinahe verbrannt. Liegt im Spital. Noch ist nicht sicher, ob es überleben wird. Wahrscheinlich wäre besser, es könnte nicht überleben. Ein junges schönes Mädchen. Und jetzt voller Brandwunden. Was soll es da noch leben? ...

Ich sags nicht gerne, es tönt hart. Wir hatten früher immer Kriege. Da konnten sich die jungen Männer austoben. Da konnten sie herauslassen, was sich da so im Menschen anstaut. Wut, Hass, Aggression halt. Die sind im Menschen drin, da gibts nichts. Ja, ein Krieg. Von Zeit zu Zeit braucht es Kriege ...

Die Gewalt ist auch in den Schulen. Kürzlich kam mein Enkel aus der Schule nach Hause, ganz bestürzt. Nein, das ist doch nicht möglich, sagte er. Da hat eine Bande zwei Kinder zusammengeschlagen, vor unseren Augen. Ich konnte nicht eingreifen, sonst hätten die auch mich zusammengeschlagen ...

Ja, diese Gewalt. Und ich sage Ihnen, es sind die Ausländer. Die Polen, die Rumänen, ich mag sie nicht mehr ausstehen. Alles wird zuletzt ihnen gehören. Das ist eine Mafia. Die müssen raus ...

Ich bin auch schon so weit. Eine Knarre muss her. Soll ich mich abschlachten lassen, wenn sich da Skins vor mich hinstellen, baumlange Kerls, auf mich reinhauen? Hätte ich eine Knarre, ich würde schiessen ..."

Versuche: *Brüche und Balancen*

4. Tag

- *Der Ex-Osten. Die Ossis*

"Die wollen alles haben, ohne erst die Ärmel hochzukrempeln" ... "Was die dort drüben alles verkommen liessen, das glaubt kein Mensch" ... "Die brauchen einen Führer, ohne Führer sind die immer noch verloren" ... "Derartige Urteile über die Brüder und Schwestern, denen man aus dem Dreck helfen muss, jawohl, erhalte ich von Wessis überall angeboten. Der Berliner kaschiert seine Meinung nicht, frei und frank, so erfahre ich, teilt er dem anderen mit, wie Dinge und Menschen angemessen zu bewerten sind. - Und nun bin ich bei den ehemals Ummauerten. Ich spaziere auf dem Alexanderplatz; ich durchstreife die Friedrichstrasse und Unter den Linden, dringe auch in die Seitenstrassen ein; ich wage mich schliesslich ins aufmüpfige, ins verruchte Quartier am Prenzlauerberg - und erlebe bedrückende, erdrückende Schwere des Daseins. Es ist, als ob durch die Strassen, die Gassen eine Paste Grau gewürgt worden wäre. Das Grau hat alles in Beschlag genommen. Grau die Häuser mit dem bröckelnden Gesimse und dem abblätternden Putz. Einzelne der Häuser müssen früher stolze Kerle und feine Damen gewesen sein. Jetzt stieren sie stumm, hinfällig in eine fremde Welt, Greise und Greisinnen. Düstergrau erscheinen mir auch die Paläste der Könige und Prinzen und Prinzessinnen, die Theater- und Museumshäuser, die Denkmäler, die Brücken, gewiss einzelne auch Zeugen grandioser Baukunst, aber ebenso überwältigt vom Grau der jüngeren und jüngsten Vergangenheit. Einige Türme wirken unter dem verhangenen Himmel wie versteinerte Generale, denen der Marschgesang auf den Lippen erstarrt ist. Aus Baugruben geifert graues Rohrgewürm, stumpf vermauert das Grau die Hinterhöfe in den Seitenstrassen, droht aus stinkendem Müll. Helle Tupfer in die graue Masse setzen Rathaus und Nicolaikirche. Das Nicolaiviertel selbst, aus Fertigbauelementen zusammengemogelte Geschichte, lockert mir den Eindruck von steingewordener Depression ebenso wenig wie die gigantischen Renommierbauten rund um den Alex ...

In dieses bedrückende Grau stösst nun ein Heer von Konzernen, Banken, Boutiquen samt Bauherren, Architekten, geschmeidigen Werbern vor. Es wird, so scheint es, fieberhaft Altes herausgerissen, abgerissen, überklebt, Neues hineingewuchtet. In Hast und Hektik soll dem Grau der Garaus gemacht werden, so wollen und gestalten es unter anderen die Speyer Properties USA, die Bouygues ARC aus Frankreich, die Bertelsmann AG. Die Spekulation frisst sich durch die rentablen Strassen, Prozesse um Rückübertragung jagen sich, selbst Staatshäupter mischen, gerüchteweise, mit ...

Widerstand gegen gewalttätigen Abriss soll sich am Prenzlauer Berg regen. Aber das Licht des Westens dringt unaufhaltsam vor. In Schulschrift wird auf kleinen Zetteln vermeldet, es sei dem Metzger X und dem Bäcker Y leider nicht mehr möglich, der werten Kundschaft die Treue zu halten. Horrende Gewerbemieten treiben ins Aus. Wer nicht zügig seine Coiffeurstube zum Salon für Hairstyling samt Typ- und Stilberatung und sein Papeteriegeschäftchen am Eck zum McPainting-Abkömmlung umwendet, den bestraft wohl das freie Marktsystem gnadenlos. Aber doch auch wird Trost gespendet, Optimismus versprüht. "Kurze Wege zum grossen Geld" (Wirtschaftsmagazin) sollen auch den Ossis zugänglich sein, die Dresdener Bank "vergrössert" für sie, und Citroën verpricht dem hinlänglich gebeutelten Trabifahrer "Neue Lebenskraft und Fahrkultur".

Vorausgesetzt, denke ich, die ehemals Ummauerten verschreiben sich mit Haut und Haaren dem Wirtschaftssystem des Siegers.

Dass sie die Unterlegenen sind, wird an den zu vielen gebeugten Rücken und nervösen Gesten klar, die ich im Ex-Osten wahrnehme. Die Mauer, obwohl weggefallen, martert sie noch immer: Misstrauen behält die Menschen in der Unruhe, Scham auch, und, begreiflich, Angst. Wird man, bisher von Politfunktionären missgelenkt, von der Stasi observiert, nun dem Anforderungsprofil dynamischen Managements entsprechen können, dessen Erfüllung einem, freundlich herablassend, von vornehmen Herren mit Aktenköfferchen als Bedingung für den Einlass ins Paradies der westlichen Konsumgesellschaft verkündet wird? So wenigstens finde ich die Motivlage der Ossis von jenen Kommentatoren geschildert, denen das Abräumen des Vergangenen zu unbedacht und der Neubau zu hastig erfolgte. Wieder einmal wurde eine Chance vertan, Trauerarbeit zu leisten. Jedenfalls muss erschrecken, wer, wie ich jetzt, an so vielen Plätzen und Strassen vorbeikommt, die in aller Eile, offenbar auf Geheiss des Innenministers, umbenannt wurden. Die schleunige und unterschiedslose Tilgung von Geschichtszeichen: Ist nicht auch das eine Form von Gewalt?

Versuche: *Brüche und Balancen*

Auf eine Stätte, wo sich Menschen mit aufrechten Rücken versammelten, gemeinsam beteten, diskutierten, Mahnwache hielten, einander stützten im Streiten für die Wahrheit und wider den Geist der Diktatur, auf eine solche Stätte in der Ex-DDR stosse ich durch Zufall. Angezogen durch besonders grausliche Hausskelette in einer Seitenstrasse der Schönhauser Allee, gerate ich zur Gethsemane-Kirche.

Dort, so vernehme ich von einer älteren Frau, die mehr im Zuhören als im Erzählen geübt scheint, demaskierte sich im Oktober 1989 eine gewalttätige Staatsmacht, als sie gegen kerzentragende, für gewaltlosen Widerstand kämpfende Menschen mit Hunden, Wasserwerfern, Schlagstöcken vorging. Der Mut dieser unverführbaren Menschen in der Gethsemane-Kirche wurde zu einem Fanal, der Brand war nicht mehr zu löschen ... Aber wiederum wirft das Mauerregime seine langen Schatten. Die Gethsemane-Gemeinde der Nachwendezeit hat mit der Erschütterung fertigzuwerden, die ihr durch die Information zugefügt wurde, manch einer, der neben einem auf der Kirchenbank gebetet habe, sei ein von der Stasi eingeschleuster Verräter gewesen. "Auf dem langen Weg zum Haus des Nachbarn", so der Titel einer Veranstaltung in der Gethsemane-Kirche, die der Verständigung und Versöhnung dienen soll ...

5. Tag

- *Kreuzberg*

Das Viertel der Ausländer, der Alternativen, der Verwahrlosten.

Das Viertel der Gewalt.

Im ehemaligen Armeleutequartier tost nicht nur ein Wasserfall von einem Miniberg herab, es tost der Wahnsinn. Der Verkehr lärmt alkoholisiert durch die Strassen; türkische Jugend schlägt deutsche Jugend und umgekehrt; Fluten von demonstrierenden, randalierenden Menschen wälzen sich, fast alltäglich, über den Asphalt; Lebensgier durchströmt die Nächte, strudelt in Kneipen, Discos, Drug-Partys, erbricht sich gegen Morgen in U-Bahnhöfen, macht Kreuzberg zur Kloake ...

Berliner Impressionen 1991

Mit diesen Bildern von Chaos und Harlemflair im Hirnkino, eingesammelt in Billigmedien und Stammtischrunden, fahre ich, bei einbrechender Dämmerung und stürmischem Wetter, mitten in den Türkenteil - und es kommt, wie es kommen musste: heftige Windstösse in den Bäumen, Schattenteppiche rollen sich rauschend aus auf Asphaltglitzer, jagen einander ... Visagen grinsen, Messer blitzen, Pistolen klicken ... ich gehe, eile, renne ... die Phanatasie schlägt Purzelbäume - bis ich in der Kebabstube eines dickleibigen Türken lande, der mir, weil ich sein gebrochenes Deutsch falsch entziffere, triefende Süssigkeiten aufzutischen beginnt ...

Die Gewalt der Vorbilder, der Vor-Urteile.

Kreuzberg gleich Krimiberg? Ganz anderes erfahre ich von einem Reiseführer. Nicht nur, dass sich Kreuzberg unterteilt ins vornehme SO 61, wo die Schicken, die Yuppies, die Jungakademiker, wohlgeordnet, hausen sollen, und ins verruchte SO 36, dem Hort vieler Autonomer, Rebellen, Punks, Künstler, Sozialhilfeempfänger und Türken, im wilden Viertel wuchern auch faszinierende Phantasien eines humanen, eines solidarischen Wohnens und Miteinanderlebens. Einiges übersteigt den gedanklichen Entwurf, wird Wirklichkeit: sanftes Renovieren statt Kahlschlagsanierung; Ökobiotope statt Mietkasernen; Bürgerbeteiligung statt staatlicher Dirigismus.

Viertel der Ausländer, der Alternativen, der Verwahrlosten? Warum gerade diese Etikettenkombination? Nur Zufall? Oder verrät sie, was insgeheim, nicht nur in Deutschland, nationale Seele bewegt? Ausländisch ist das Nicht-Normgerechte, das Alternative, das Verwahrloste auch. Ausländisch ist, was dem gesunden Volksempfinden zuwiderläuft. Nicht ausländisch, sondern heimisch, verträglich ist das, was sich dem Nationalen an- und einpasst, die Identität des Volksstämmigen stützt, Pizza - Italienisches für den Deutschen, den Schweizer ...

Die utopische Alternative: nicht zuerst die ohnehin immer flüssigeren nationalen (oder sozialen, konfessionellen, ideologischen) Differenzen bezeichnen, sondern das Gemeinsame, das Menschsein, welches unterschiedliche Wirklichkeiten zulässt, auch ungereimte, auch aufsässige, auch lärmende, niemals gewalttätige ...

Versuche: *Brüche und Balancen*

6. Tag

- *Gespräche über Wendeprobleme, Fremdenhass, Jugendgewalt*

Am Morgen, zufällig, auf einer Bank am Wittenbergplatz, mit einem, wie sich herausstellt, vorzeitig pensionierten, da schwer krebskranken Mann. Das Leben lang hat er geschuftet, Kohlengrube, Tiefbau, dazu der Krieg. Jetzt ist er allein, die Frau verliess ihn, den Sohn verstiess er. In die Beiz geht er nicht. "Und die Penner da", er zeigt zur benachbarten Bank, wo zwei Männer, mit Flaschen fuchtelnd, sitzen, "schauen Sie sich die an. Seit Monaten haben die die Klamotten nicht gewechselt!" Das vereinte Berlin? "Schon gut", sagt er, "aber stellen Sie sich vor. Da ist einer beispielsweise ein guter Bäcker. Seit dreissig, vierzig Jahren ist er, hier im Westen, ein guter Bäcker. Und jetzt kommt ein Bäcker aus dem Osten, arbeitet für den halben Lohn, der andere kann gehen. Wohin? Na ja, vielleicht ist der Bäcker nicht das richtige Beispiel, aber trotzdem." - Was er sich noch wünscht? Reisen möchte er. Egal wohin. Nur reisen. "Fremde Länder sehen, fremde Menschen ..."

- *Eine Stunde später*

"Ich habe Angst, dass da vieles gesteuert wird", sagt Frau M., welche sich in leitender Stellung mit der Ausländerfrage befasst. "Der Fremdenhass, das sind nicht einfach einige Verrückte, Frustrierte. Da steuern gewisse Medien mit. Da sind gewisse Politiker interessiert. Man sucht und schafft sich Sündenböcke. Gewiss, man verurteilt Gewalt gegen Ausländer. Aber das geschieht lau. Und was sollen Schlagzeilen wie "Wir Deutschen sind tolerant, aber einmal ist genug"? Brandanschlag auf Asylbewerberheime auch in der Schweiz? Frau M. schaut skeptisch, scheint billigen Trost eines Angehörigen aus dem Land der Immerverschonten zu vermuten.

Ebenso offensichtlich wie begreiflich: Eine sachliche Analyse der Asylbewerber- und Zuwandererfrage ist in Deutschland noch schwieriger als anderswo. Zu nah sind Hitler und Ausschwitz. Tabuisiert scheint in Kreisen einer kritischen Intelligenz vielfach schon die Frage, wie auf Migrationswellen zu reagieren sei. Vorurteilsfrei, selbstverständlich. Tolerant. Mit der Vision einer multikulturellen Gesellschaft. Aber Toleranzerklärungen werden nicht genügen, um den von uns noch kaum verstandenen Migrationsprozessen gerecht zu begegnen. Verarmte, ausgebeutete, vergessene Länder brauchen bislang zum Teil noch unentwickeltes Handfesteres: Menschen- und umweltfreundliche Ökonomik, welche die Länder befähigt, eigenständig und naturschonend am Weltmarkt teilzunehmen. Verzichte werden vom reichen Zentral- und Westeuropäer zu leisten sein, Einschränkungen an Bequemlichkeit.

Der Lohn möglicherweise ein Zugewinn an Leben ...

Am Nachmittag dann ein Treffen mit Verantwortlichen der Lehrerausbildung. Erneut geht es um Fremdenhass und Gewalt. Man verfängt sich, wiederum, in dem, was getan werden müsste und doch nicht getan wird oder nicht getan werden kann. Konkret und packend ist allerdings ein Exempel gelebter Multikulturalität, das ein Sozialpädagoge, in Pullover und mit Pfeife, erzählt. Demnach haben sich Lehrer, Sozialarbeiter, Jugendberater und Kiezbewohner mit Künstlerinnen und Künstlern zusammengeschlossen, in einem Kreuzberger Jugend- und Kulturzentrum. Dort versuchen sie Brücken zu schlagen zwischen Schule und Wohnumfeld, zwischen Deutschen und Ausländern, zwischen Kindern und Erwachsenen - mit Hilfe der Kunst. Künstler, behutsam begleitend, regen selbsttätiges Erkunden und Experimentieren an, animieren zu vielfältigem Ausdruck. Phantasien werden freigesetzt, Grenzen überschritten, Rollen, versuchsweise, ausgetauscht: Der Lehrer wird zum Schüler, die Eltern lernen von ihren Kindern, die Deutschen profitieren, sofern gewillt, von der Geschicklichkeit vieler Türken im Theaterspiel, im Sport, im Feiern von Festen.

Die zentralen Botschaften fordern mir Respekt ab. Weithin gesonderte Lebens- und Lernorte wieder verknüpfen; Menschen über Generationen, über Nationen hinweg einander näherbringen; Erfahrung und Reflexion, Hirn und Herz zueinanderführen. Der Respekt betäubt nicht den Skeptiker in mir. Geschäftigkeit und vorschnelle Harmonisierung, bestehen da nicht Gefahren? Und was die generell geforderte Öffnung der Schule zur Nachbarschaft, zum Gemeinwesen hin betrifft. Wird daran gedacht, dass es die Sache des Kindes nicht ohne Limite verträgt, mit den ungelösten Sachen der Erwachsenen konfrontiert zu werden? Wird daran gedacht, Schule nicht nur zu öffnen, sondern auch zu schliessen? Zu schliessen gegenüber Zumutungen einer manchmal wenig nachdenklichen Öffentlichkeit, einer gelegentlich doppelzüngigen Politikerschaft, die stets beides beschwört, Menschlichkeit und Wirtschaftstüchtigkeit, Selektion und Gemeinsinn, und beides zum Niedrigtarif haben möchte. Schule führt ein in die kulturellen Wirklichkeiten; im günstigen Fall vermag sie Bereitschaften eines weltoffenen Handelns zu unterstützen. Überfordert ist sie mit der Aufgabe, Hoyerswerda zu verhindern.

Trotzdem: Die Hoffnung auf konstruktive Wirkungen ist, zu Recht, dort stark, wo an überschaubarem Ort kleine, jedoch eigene Schritte hin zu universalen Perspektiven erprobt werden dürfen, unzensiert, gemeinsam mit den schon bekannten und den noch fremden Nachbarn ...

7. Tag

- *Noch einmal am Kurfürstendamm*

Überwältigende Lichterflut. Überall Lichter: leise, lärmige, trübe, übermütige, geduldige, hektische, in Schaufensterauslagen, an Reklamewänden, an Häusern und Masten, spitz und grell an Autos und Bussen, sanft und zuversichtlich am Stumpf der Kaiser Wilhelm Gedächtniskirche. Lichtervielfalt, in der Menschenvielfalt verweilt, schreitet, schlurft, hüpft, lacht. Die Gesichter der Gewalt, die mir vor einer Woche noch ins Auge stachen? Weg. Vergessen? Die Abgründe verdrängt? Oder auch: die Sinne, zuvor auf Finsteres eingestellt, jetzt geöffnet für Helles ...

Berlin in Gewalt? Das ist, gewiss, ein Teil der Wahrheit. Ein anderer und stärkerer Teil: Berlin, das sich der Gewalt verweigert - und zu friedlicher Nachbarschaft inspiriert.

Schule gegen Gewalt

Randbemerkungen zu einem Versuch, mit Schule der Jugendgewalt entgegenzutreten (Berlin 1992)

Die Jugendgewalt wächst. Die Jugendlichen randalieren. Sie pöbeln und prügeln. Sie hauen und stechen und schiessen. So wenigstens wissen es die Boulevardblätter zu berichten und mit Schreckensbildern zu illustrieren ("Jugendliche werfen Menschen aus der U-Bahn, bereuen nicht"). Statistiken belegen: Schwere Delikte haben sich innerhalb eines Jahres verdoppelt; rund 16 Gewaltdelikte werden jeden Tag in Berlin begangen, jedes vierte von Menschen zwischen acht und zwanzig Jahren. "Die Täter werden immer jünger", stellt M. ERNST von der Innenverwaltung fest und fügt bei: "Die Gewaltbereitschaft wächst schon in der Schule heran."

Messer, Knüppel, Reizspray und Gaspistolen beulen die Schulranzen. Die "Bunte" klagt an: "Versager Schule." Die CDU macht mobil: Für aggressive Schüler sollen spezielle Erziehungsprogramme entwickelt werden. Ein Psychologe empfiehlt in der "Berliner Zeitung" Rollenspiel und Gesprächstraining.

Es reagiert auch der Schulsenator. Jürgen Klemann ruft zu einer Aktion "Schule gegen Gewalt" auf.

Es gelte, schreibt er, "gemeinsam über die Methoden der Prävention zu diskutieren und diese zu präzisieren sowie Chancen zu schaffen für die Eindämmung des Nährbodens der Gewalt. Ziel müssen die konsequente Ächtung der Gewalt, die Anerkennung und Beachtung rechtsstaatlicher Grundsätze sowie die Erarbeitung eines Repertoires sozialverträglicher Verhaltensweisen sein ... Grundlegend dafür ist die Einsicht in übergeordnete Werte und Normen wie Friedfertigkeit, notwendige Regeln des Zusammenlebens, Fairness gegenüber dem Partner im Lernprozess, Anerkennung einer andersartigen Leistung, Anerkennung des Wertes eines Menschen ausserhalb seiner kognitiven Leistungsfähigkeit, Respekt vor einer Unterrichtsorganisation, die Effektivität sichern muss ..."

Streifzüge durch Berlin: Skepsis ...

In welchen Verhältnissen, mit welchen Menschen wachsen Kinder und Jugendliche heran? Welche Kräfte wirken auf sie ein?

Versuche: *Brüche und Balancen*

Der Verkehr im Zentrum: Geschoss aus Blech im Steinkorridor. Alte Menschen und Kinder am Rande ...; Kinderspielplatz in Kreuzberg SO 36: zähes Grau zwischen hohen Mauern. Wenig Himmel, kaum Sonne, kein Grün. Dreissig Schritte von Ecke zu Ecke, von Kante zu Kante ...; Kinderzimmer im Nobelviertel: Elektrospielzeug, Video, Heimcomputer. Draussen der Rasen, ummauert, mit Warnschild "Hund beisst!"...; Marzahn: Gewalt aus Stein. Vor den Ungeheuern der Unwirtlichkeit werden Menschen zu Winzlingen (Winzlinge geraten in Gefahr, an gewalttätiger Geschichte widerstandslos mitzuwirken) ...; Warnung und Werbung in den Medien: Das Ozonloch wächst, das Klima kippt, die Kriminalität kocht über - und zugleich: "Der kurze Weg zum grossen Glück!" ...; Wort und Tat in Wirtschaft und Politik: unterwanderte Gesetze gegen Waffenschieberei, Steuerhinterziehung, Drogenhandel ...; Abreissen und Aufbauen im ehemaligen DDR-Berlin: schnell, effizient, gründlich. Weg mit Lotterhäusern, Symbolen des Kommunismus, abgewirtschafteter Industrie, Platz schaffen für Mercedes und BMW, Wertheim und Woolworth, die gute alte Markgrafenstrasse (und wohl auch das alte Schloss) ...; die älteren Menschen in der S-Bahn nach Hönow: viele verbittert, müde, verraten von einer Geschichte aus Hakenkreuz, Sichel und Hammer, braunen und roten Fackelzügen, kollektiv verordnetem Glück ...; ein Mann am Wittenbergplatz. Er sagt: "Die Ossis sind unsere Brüder. Aber von nichts kommt nichts!" Er sagt, mit "Bild": "Jetzt ist genug!" - und meint den Zustrom von Asylbewerbern nach Deutschland ...

Aber da ist, Zuversicht weckend, auch Helles zu entdecken: Stadtteilinitiativen zur Verkehrsberuhigung, sanfte Renovation alter Gebäude; mutige, zähe, tolerante und gänzlich unsentimentale Berliner und Berlinerinnen, welche es, beispielsweise, wagen, öffentlich gegen Ausländerfeindlichkeit, gegen Gewalt an Frauen und Homosexuellen anzutreten; ein Bundespräsident, der juristische und politische Kahlschlagmethoden anprangert ...

Und doch: Was vermag Schule gegen Gewalt in einer Gesellschaft, in der Gewalt vielfältig geschürt und geschult wird?

Schule gegen Gewalt

Der Schulsenator im Rundschreiben "Schule gegen Gewalt": "Aktuelle Gewaltvorfälle in der Schule veranlassen uns, auf die Notwendigkeit hinzuweisen, Gewalttätigkeiten sofort und wirksam zu begegnen. Bei Körperverletzung und bei der Drohung mit Waffen jeglicher Art ist umgehend die Polizei zu rufen und Strafanzeige zu erstatten. Wir empfehlen, in die Schulordnung ein generelles Waffenverbot aufzunehmen ... Die Schulen werden darauf hingewiesen, dass alle Fälle von Gewalttätigkeit und Gewaltandrohung an die Schulaufsicht bei der Senatsverwaltung für Schule, Berufsbildung und Sport über das Schulamt zu melden sind mit einer Kurzdarstellung des Vorfalles, Angaben über angebliche oder tatsächliche Motivationen sowie Mitteilung über die ergriffenen Massnahmen ..."

Die disziplinierenden Massnahmen sind begreiflich. Der Raum der Schule braucht Schutz, soll Schule ihre orientierende Aufgabe wahrnehmen können. Und Heranwachsende brauchen die Erfahrung, dass Gewaltakten entschieden Grenzen gesetzt werden. Erfolgreiche Aggressionen wiederholen sich häufig, weiten sich aus, steigern sich. Vor der meist hochkomplizierten konkreten Situation eines jungen Menschen, der Gewalt ausübt, wirken Drohungen mit Behörden und Polizei jedoch unbeholfen, grob.

Begegnung mit BK. Angehöriger einer Skinheadgruppe. Beide Elternteile sind arbeitslos. Der Vater, was dem Klischee entspricht, ist Trinker. BK soll Mitschüler bedroht, zum Diebstahl gezwungen haben. Ermahnungen folgten, Verweise, Polizeieingriffe. Schliesslich Jugendgericht und Schulausschluss. Seither ist BK ohne geregelte Arbeit.

In einer Eckkneipe stosse ich auf ihn. Er weiss, was von ihm erwartet wird: "Die sollen raus! Wir wollen ein sauberes Deutschland!" Ja sicher, ab und zu haben er und seine Kameraden so ein "Ausländerschwein" geklopft, "einfach so". Sein pompöses Gehabe steht in merkwürdigem Widerspruch zu seiner dünnen Stimme. Nach einer halben Stunde ist seine Maske aus Kühle und Härte abgefallen. Ein Gemisch aus Wut, Schutzlosigkeit und Angst wird spürbar. Wo kommt er her? Was wird aus ihm? Anfang und Ende verlieren sich im Dunkel. Die Gegenwart durchschaut er nicht; sie dreht sich um ihn, rasend und ungeregelt. Die Angst vergisst er in der Gruppe. Bei Bier und Sprüchen fühlt er sich wohl und toll. Ohmacht wechselt in Allmacht, wenn man einen Fremden jagen und "klatschen" kann. Die Fremden

Versuche: *Brüche und Balancen*

saugen Deutschland aus, pflanzen Revolutionen. Sie ziehen das in den Dreck, was einzig Stabilität sichert, die deutsche Nation. - Die Schule? Sie war ihm gleichgültig. Und die Schule kümmerte sich, glaubt er, so lange nicht um ihn, bis sie ihn der Anstiftung zur Randale verdächtigte. "Dann schlug sie auf mich ein."

"Es wächst die Gefahr", bilanziert der Politikwissenschaftler Hajo Funke, "dass Jugendliche im Osten Deutschlands mehr noch als im Westen ihre Erfahrung mit Ohnmacht und Perspektivlosigkeit in dieser Gesellschaft in nationalistisch, rassistisch oder sozialdarwinistisch motivierte Gewaltbereitschaft umsetzen."

Zurück zum Rundschreiben des Schulsenators: "Auch wenn in einer Schule keine besonderen Vorkommnisse zu beklagen sind, so empfiehlt es sich doch, nicht passiv zu bleiben, sondern präventive Massnahmen zu ergreifen ..."

Der Gewalt vorbeugen. Eine ermutigende Spur führt nach Kreuzberg, zur Grundschule M. Eine Schule mit hohem Ausländeranteil und einer erstaunlichen Art, auf Herausforderungen zu reagieren. Sie kennt nicht nur Stuhl, Bank, Buch, Hellraumprojektor, sondern auch Nischen, Ecken, Regale mit bunten Materialien zum eigenaktiven Erkunden, Experimentieren, Lernen, Spielen. Tischgruppen dienen der Stabilisierung von Beziehungen und dem gegenseitigen Helfen: Frank unterstützt Ahmed beim Erlernen deutscher Vokabeln, lernt seinerseits, was "baz", "göz", "el", "ayak" und vieles andere meint. Nadir zeigt Helene einen Radiertrick, Birkan lehrt Karin einen türkischen Tanzschritt. In Klassengesprächsrunden wird diskutiert, gestritten, geschlichtet, geplant. Schule wird, gelegentlich und begründet, nach draussen verlegt. Man erkundet den Alltag und die Geschichte von Türken und Türkinnen, die in Kreuzberg wohnen, befragt Zeitzeugen, fahndet nach Dokumenten, schreibt kleine Reportagen. Nicht wenige Schüler und Schülerinnen essen in der schuleigenen Mensa und treiben Sport oder spielen Theater in freiwilligen Arbeitsgemeinschaften, die an den regulären Unterricht anschliessen.

Lehrkräfte ermuntern zu Projekten, an denen Eltern und, nach Möglichkeit, Schülerinnen und Schüler mitwirken: Sie planen Dachbegrünungen, regen die Einrichtung einer Teestube an, fördern eine zweisprachige Schulzeitung, bauen einen Pausenplatz zum vielfältigen Lebensraum um. Sie müssen, weil all das viel Nerven und Zeit kostet, da und dort ein Vorhaben wieder aufgeben. Bewahrt haben sie sich aber, trotz Widerständen und Widersprüchen, den Mut und die Phantasie, Schule als menschlichen Lern -und Lebensort zu gestalten, in der Erfahren und Belehren besser aufeinanderbezogen sind, in der Brücken zum lokalen und regionalen Umfeld geschlagen werden, ohne notwendige Grenzen zwischen schulischer Bildung und Leben zu übersehen.

Da nun hat ein zugleich starker und erschütterbarer Schulleiter zusammen mit seinem Kollegium, mit einem Teil der Elternschaft und des Schulvereins ein "Fest der Kulturen" organisiert. Ein rauschendes Fest der Lebensfreude und des interkulturellen Austausches ist angesagt: Tänze aus Griechenland, Senegal, Israel, Spanien, Theaterstücke der Klassen 2f, 5c, 6d, Lieder aus Peru, Lettland und von den Philippinen, multikulturelle Geschichten, multikulturell geprägte Ausstellungen, Informationsstände, Büchertische. Angeboten werden auch kulinarische Köstlichkeiten aus verschiedensten Ländern.

Zu Beginn tritt der Schulleiter vor die Festteilnehmerinnen und erinnert die Erwachsenen an ihre Veranwortung für die Zukunft der Kinder. "Das Fest", sagt er, "soll unterstützen, dass Menschen aus unterschiedlichen Ländern, mit unterschiedlichem Aussehen und mit unterschiedlicher Sprache in unserem Land und in unserer Stadt friedlich miteinander leben können." Die Veranstalter wenden sich gegen "jede Form von Gewalt gegen andere" und gegen jedes Schweigen, wenn "Gewalt, Fremdenhass und Ausländerfeindlichkeit in unserer Gesellschaft auftreten". Die Wirkung eines Festes ist allerdings begrenzt, die Chancen einer Schule, gemeinhin fast nur an Abschlüssen und Berufskarrieren orientiert, beschränkt. Deshalb ruft der Schulleiter dazu auf, Einrichtungen mit Bedingungen zu schaffen, "die Friedfertigkeit fördern, die individuelle Würde von Kindern stärken und seelische Verletzungen vermeiden". Was aber geschieht, weil Kinder "keine Lobby", "keine machtvollen Anwälte" haben? "Die Lebensräume für Kinder werden immer mehr eingeschränkt, belastet und von Sparmassnahmen getroffen." Gefordert sind somit verantwortungsbewusste Erwachsene. Und gefordert sind pädagogische Teams mit "Zivilcourage".

Versuche: *Brüche und Balancen*

Was der Schulvorsteher nicht sagt, aber später in einer streitbaren Reaktion auf das Rundschreiben des Senators formulieren wird: dass er es fatal finde, wenn Gewalt einseitig den Individuen angelastet werde, strukturelle Gründe weithin unbeachtet blieben; dass er Naivität vermute, wenn auf Gewalt in der Schule vorab formalbürokratisch und mit Polizeimassnahmen reagiert werde. Schlimm aber findet er, wenn Politiker und Politikerinnen humane Einrichtungen fordern und gleichzeitig die unerlässlichen Mittel schmälern, indem sie die Erhöhung der Lektionenzahl für die Lehrkräfte ins Auge fassen und in die Wege leiten. Nur im privaten Kreis lässt er zudem etwas von der Müdigkeit, Resignation, ja Erschöpfung spüren, die Menschen treffen kann, denen kühles Kalkulieren des beruflichen Engagements noch nicht zur zweiten Haut geworden ist.

Noch einmal der Schulsenator. Er anerkennt: "Für eine wirkungsvolle, gewaltmindernde Erziehungskonzeption haben einzelne Schulen in begrüssenswertem Masse bereits Kontakt zu ausserschulischen Erziehungs- und Beratungseinrichtungen aufgenommen."

Verbund gegen Gewalt. Erneut führen verheissungsvolle Spuren ins "wilde" multikulturelle Viertel Kreuzberg, diesmal zur "Kiezschule". Engagiert hat diese Oberschule an einem vielfältigen Netz geknüpft, hat schulische mit ausserschulischer Bildungsarbeit verbunden. Jugendarbeiter unterstützen die Lehrer und Lehrerinnen bei ihrer äusserst anspruchsvollen Schularbeit. Der Schule wurde eine Fahrrad- und eine Elektrowerkstätte angegliedert. Für türkische Mädchen und Frauen schufen einige Lehrkräfte einen Begegnungsraum. Einzelne Leiter der schulischen Werkstätten bauen Beziehungen zu Betrieben auf, nutzen, ökologischen Prinzipien gemäss, Abfallprodukte, plazieren Schüler und Schülerinnen nach deren Schulabschluss in Betrieben. Ehemalige Schüler, arbeitslos geblieben oder geworden, finden in den Räumen der Schule qualifizierte Berufsberatung. Es bestehen Kontakte zu schulexternen Institutionen der Jugendarbeit und der Schulpsychologie. Lehrerinnen fördern kommunale Initiativen, sind beteiligt am Versuch, Wohnbauten behutsam und kinderverträglich zu sanieren. Mit all dem wird herkömmliche Schule nicht abgeschafft, aber entscheidend modifiziert. Weiterhin dominieren Sprache, Mathematik, Einzelfächer, aber vergrössert wird der Anteil des Werkens, intensiviert wird der Versuch, Fächertrennungen entgegenzuwirken, vertieft wird auf Erwartungen, Stärken und Nöte der

Lernenden Rücksicht genommen, werden Fähigkeiten des Neu- und Umlernens, des Kommunizierens und Kooperierens, der Eigenaktivität beachtet. Jugendliche, in einem schwierigen und häufig langdauernden Prozess der Selbstfindung begriffen und einem Wust von Abstraktionen ausgesetzt, sollen an einer Schule lernen und leben dürfen, die sich kontrolliert gegenüber ausserschulischen Realsituationen öffnet und Heranwachsende dort, wo es möglich ist, an primärer Erfahrung teilhaben, sie tätig werden lässt, mit ihnen die Erfahrungen kritisch überdenkt, die nahen, lokalen an weiten, globalen Perspektiven misst.

Ebenfalls auf eine Idee einiger Kiezlehrkräfte geht ein Projekt zurück, in dessen Rahmen zur Gewalttätigkeit neigende Jugendliche, die häufig aus sozial randständigen Familien stammen, durch Gassenarbeiter von der Strasse geholt und in einem Jugend-und Kulturzentrum Möglichkeiten zugeführt werden, sich kreativ zu betätigen, angeleitet von professionellen Künstlern und Künstlerinnen aus dem In- und Ausland. Künstlerischem Tun wird zugetraut, dass Wahrnehmungen aufgebrochen, Phantasien entwickelt, Kommunikationswege von Hindernissen gereinigt werden und der Umgang mit Ängsten, mit gefährdeter Identität verbessert wird. Bemerkenswerte Ergebnisse werden öffentlich dokumentiert: Bandenkriege fallen weg, Theateraufführungen faszinieren auch ein kritisches Publikum, Kunstkalender finden Absatz. Schulverantwortliche haben hier nicht, wie häufig befürchtet, Leben in die Schule gerissen, das ihr nicht zusteht, vielmehr förderten sie eine Aktion, die Eigentun in didaktisch wenig gefilterten Räumen ermöglicht und die Vielfalt der Lernwege erkennen und erproben lässt.

Auch an einem dritten Verbundunternehmen sind Kiezleute beteiligt. Sie halfen mit, einen besonderen Lernraum für reformwillige Lehrkräfte zu gründen. In der "Kreuzberger Lernwerkstätte" können sich Lehrinnen und Lehrer in anregenden Lernlandschaften zum Gespräch über und zum Entwerfen von Unterricht treffen. Ein Beispiel ist die situationsnahe, anschauliche Diskussion über gewaltfreie Konfliklösungen im Klassenzimmer. Angeboten werden Beratung und wissenschaftliche Expertise; es finden sich Hinweise auf Tagungen, Ausstellungen, Studienfahrten; es liegen Dokumentationen von Unterrichtsprojekten auf; Adressen von Beratungsstellen sind ebenso zugänglich wie Arbeitskarteien, Bücher, Zeitschriften. Hinter der Konzeption der "Lernwerkstätte" steht eine Überzeugung: Menschen sind grundsätzlich fähig, sich in der selbstgesteuerten Auseinandersetzung mit Gegenständen ein bedeutsames Stück Lebenswirklichkeit aufzubauen, das nicht widerstandslos der Kollektivierung und Organisierung zum Opfer fällt.

Allzu gerne werden indes Anstrengungen, Risiken und Enttäuschungen, welche derartige Verbundunternehmen begleiten, von einer unzureichend orientierten Öffentlichkeit unterschätzt. Wenn ein experimentierfreudiges Schulkollegium eher den Sonder- als den Regelfall bildet, dann ist daran ausserdem ein spürbarer Trend zu rigider bürokratischer Einschnürung der Schule mitschuldig. Die Innovationskraft einer Schule, so belegen Schulwirkungsforschungen, ist bis zu einem gewissen Grad abhängig vom Grad der staatlich gewährten Handlungsspielräume. Zudem gilt auch hier: Zukunftsweisende Neuerungen, einer hartnäckig starren Tradition des organisierten Bildungssystems abzuringen, sind nicht zum Nulltarif zu haben.

- *Hoffnungen*

Sonntag Vormittag im Ostteil Berlins. Runder Tisch gegen Gewalt und Fremdenhass. Pädagogen, Wissenschaftler, Künstler, Politiker, Frauen und Männer, sitzen zusammen. Sie ringen um Möglichkeiten, Gewalt zu verstehen, zu verweigern, zu überwinden. Wut und Trauer über erfahrenes Unrecht bricht bei einzelnen hervor, Versöhnung wird probiert. Man weiss: Die Architektur eines Hauses der Humanität weist immer Risse auf, bleibt Fragment. Dennoch, es gibt Zeichen der Hoffnung:

- Hoffnung, weil es Menschen wagen, der Gewalt ins Auge zu sehen, sich erschüttern zu lassen durch die manchmal unfasslichen Beispiele menschlicher Destruktivität;
- Hoffnung, weil es Menschen wagen, über die eigenen Anteile an den Gewaltphänomenen nachzudenken, die eigene Verführbarkeit, Angst, Schwäche nicht zu unterschlagen (und somit der Neigung zu widerstehen, zur eigenen Entlastung Fremdes und Schwaches abzuwerten, zu bedrohen, zu beugen oder in einem geschlossenen Wir, in einem" Zug des Blutes", der" aufbauenden Seelen" fragwürdige Sicherheit zu suchen);

- Hoffnung, weil es Menschen wagen, sich für eine kinder- und jugendverträgliche Umwelt einzusetzen und eine Politik zu unterstützen, die unlegitimiertem Herrschaftswillen, verkürzter Rationalität, ungebremstem Konkurrenzgehabe abschwört, hingegen die Frage nach den Wirkungen für Heranwachsende ernst nimmt (was die Sorge um einen schonenden Umgang mit den natürlichen Ressourcen einschliesst);

- Hoffnung also, es möge, verbreiteten Katastrophenszenarien zum Trotz, gelingen, eine bewohnbare Welt zu erhalten.

Bilanz und Perspektive:
Skepsis und Hoffnung

Jeremias Gotthelf und die Schule
Schulen und Grenzen

Jeremias GOTTHELF als Schulmann ist wenig bekannt. Dabei lohnt sich eine Auseinandersetzung mit ihm durchaus. Nicht nur wandte sich der Emmentaler Pfarrer und Schriftsteller intensiv den alltäglichen schulischen Gestaltungsaufgaben zu, er warf auch grundsätzliche Fragen auf, welche die gegenwärtige Schule unvermindert betreffen. Belege finden sich in zwei zeitlich recht weit auseinanderliegenden Schriften GOTTHELFs: im "Bericht über die Gemeinde Utzenstorf" und in der Streitschrift "Ein Wort zur Pestalozzifeier 1846".

1824 schreibt der Pfarrvikar Jeremias GOTTHELF in einem "Bericht über die Gemeinde Utzenstorf": Die Schulen "sind gegenwärtig fast die einzige Handhabe, woran ein Seelsorger das Wohl der Gemeinde aufrichten kann, und fast auch das einzige Mittel, das oft verwahrloste Mittel, der zerfallenden Religion und Sittlichkeit emporzuhelfen: 'Am Anfang des Wirkens GOTTHELFs steht demnach eine Zerfallsbehauptung:' ... die wahre, lebendige Frömmigkeit" ist "fast durchgehend erloschen ..." Eigennutz, Geldgier und Bildungsfeindlichkeit treten augefällig hervor. "... nur die Furcht vor üblen Folgen und bürgerlichen Strafen", äusserliche Wohlanständigkeit also, hält die Menschen "im Zaume". Schuld am gestörten Verhältnis zu Gott und an den korrumpierten Beziehungen zwischen den Menschen tragen, so die soziologische Argumentation des Pfarrvikars, vorab die Umstände der Zeit. Erste Anzeichen einer Besserung sind auszumachen, "das Nachteilige eines schlechten Wandels" wird eingesehen, "Rohheit und Unhöflichkeit" nehmen unter der Jugend ab. Aber noch ist der "Verfall mancher Familie" zu fürchten.

Das entscheidende Instrument, um dem Verfall zu begegnen und eine Erneuerung anzustreben, stellt in GOTTHELFs Augen die Schule dar. Ihre

Bilanz und Perspektive: *Skepsis und Hoffnung*

aktuell missliche Lage übersieht der kritische Jungpfarrer zwar nicht. Die Schule von Wyler etwa bezeichnet er als eine "Schule nach altem Schlag, worin auf das blosse Auswendiglernen der meiste Wert gesetzt wird, der Verstand ungebildet bleibt und alles in einem toten Mechanismus bleibt". Ihr stellt GOTTHELF die Skizze einer Schule gegenüber, in der Glaube und Vernunft, Verstand und Gefühl, Wissen und Liebe miteinander verknüpft sind. Vom Hoffnungsträger Schule erwartet er nichts weniger als den Beweis, dass mit christlicher Religion und "wahrer, vernünftiger Aufklärung, die dem ächten Christen geziemt", das weltliche Wohl und das Seelenheil der Menschen am besten gestützt werden kann.

Dazu braucht die Schule, was ihr korrupte Vorgesetzte, in Standesinteressen gefangene Reiche und bornierte Eltern, welche alle Neuerungen "hassen", häufig nicht oder nur zögernd gewähren: eine Schulordnung, welche Schulbesuch und aufmerksame Kontrolle des Schulbetriebs regelt; finanzielle Mittel, die es erlauben, lernförderliche Schulräume und abwechslungsreiche Lehrmittel bereitzustellen; Klasseneinteilungen und Fächerdifferenzierungen, die einer altersangemessenen und sachgerechten Vermittlung dienen; besser besoldete und ausgebildete Lehrer, die imstande sind, kindgerechte Lehrmethoden lebendig anzuwenden, ohne der Illusion einer Rezeptologie zu verfallen.

Mit seinem Schulplan wie mit seinem vielfältigen Wirken als praktischer Erzieher gehört GOTTHELF in den Kreis jener engagierten Reformer des 19. Jahrhunderts, welche die moderne Schule als zentrale Einrichtung der organisierten Bildung aufbauen und eingründen halfen - und sich davon viel, sehr viel versprachen.

Um so mehr mag erstaunen, wenn der gleiche GOTTHELF gute zwanzig Jahre später in seinem "Wort zur Pestalozzifeier 1846" einen massiven Protest gegen die moderne Schule formuliert. Wieder rückt er Behauptungen ins Zentrum, wonach sich die Gesellschaft in einer Krise befindet. Aber der Ton ist deutlich härter geworden. Grelle Schwarz-Weiss-Zeichnung macht sich breit. Demnach wird von einer radikal dynamisierten Zeit "verlästert", was der junge GOTTHELF im Anschluss an PESTALOZZI als Fundament der Volksbildung erkannt hatte: das christliche Haus. Statt dem "Familienhaus", von dem aus das Kind organisch in die Nahkreise der dörflichen Gemeinschaft und des politischen Gemeindewesens hineinwachsen kann, sollen nach moderner Ansicht "das Kaffehaus, die Kneipe, das Theater und noch andere Faktoren ... die wahren Volkserzieher sein ..." Die Folgen scheinen gravierend: Die Identität der geistigen Person, von der christlichen Familie grundgelegt, geht verloren. "Zerrissenheit", "Weltschmerz", "Ungenügen" und das "Unstäte" stellen sich ein. Im fatalen Bemühen, religiöse Traditionen zu verabschieden und die Selbstschöpfung des Menschen zu propagieren, spielt der ehemalige Zukunftsgarant Schule nach GOTTHELFs Zeugnis eine dominante Rolle. Abgefallen vom Pestalozzischen Gedanken, es sei Schule eine christlich-volkstümliche Einrichtung, die gleichermassen die Natur des Kindes und die Mächte der Überlieferung zu respektieren habe, wird Schule "zum Selbstzweck oder zum eigenen Götzen", zum Vehikel phantastischer Gesellschaftsentwürfe. Machtgierige radikale Politiker, "Staatsknaben und Regierungsstümper" befördern das "Abtrennen" der Schule von Haus und Kirche. Sie werden unterstützt von prestigesüchtigen Volksschullehrern, denen wissenschaftliche Aspirationen wichtiger sind als das Wohl des Kindes. Das "verführte" Kind, ohne stabilisierendes und integrierendes Gegenüber gelassen, mit lebensfremdem Stoff überlastet, wird hin- und hergerissen, taumelt, sittlich haltlos, in eine ungewisse Zukunft. Erst spät kommt die Schule "zum Gefühle ihrer Ohnmacht", entdeckt, wie begrenzt "ihre Gewalt" über das freigesetzte Individuum (dem "das Aufgekleisterte in Fetzen davonfährt") ist. Nur ein Ausweg erscheint GOTTHELF gangbar. Es gilt, PESTALOZZIs Rat zu befolgen und die Schule zurückzuweisen in den heilssichernden christlichen Verband von Haus und Kirche: "Nur wenn sie im innigsten Verbande mit Haus und Kirche ist, das Mittelglied in dieser Dreiheit, des Hauses Helferin, der Kirche Vorhalle, nur dann vermag sie lebendig auf das Kind zu wirken, dem ganzen Menschen eine Wohltäterin zu bleiben. Aber sie haucht ihm kein apart besonderes Leben ein, schnitzelt nicht das Kind zu Schulzwecken zurecht, sie nährt und baut am gleichen Leben, welches im Hause empfangen werden, in der christlichen Gemeinschaft sich ausbauen, im Himmel seine Vollendung finden soll."

Die Spannung, ja der Widerspruch ist eklatant. Die allgemeinbildende Schule, vom jungen GOTTHELF mit grossen Erwartungen aufgeladen und, einem einfachen Wirkungsschema gemäss, als effizientes Instrument zur sittlichen Individuierung und gesellschaftlichen Ertüchtigung des Menschen betrachtet, wird vom älteren GOTTHELF als Mittträgerin einer hybriden und lebensfernen Halbbildung und eines fragwürdigen Fortschrittsglaubens wahrgenommen. Was der junge GOTTHELF positiv wertet und gegnüber einer politischen und theologischen Othodoxie verteidigt, bildet dem älteren die Zielfläche teilweise polemischer Attacken. Die curiculare Reform erscheint ihm jetzt als inhumane Scholastierung. "Eine unmenschliche Verränkung zu wissenschaftlicher Gestaltung, wohlgerüttelt den Kindern einzugeben, musste der arme Elementarunterricht sich gefallen lassen." Der Versuch, den geisttötenden mechanischen Betrieb der alten Schule zu verlebendigen, gerät in den Augen des älteren GOTTHELF zur Versteinerung von "Pestalozzis Anschauungslehre". Vielfältige Lehrmethoden und Lehrmittel, vom jungen GOTTHELF mitentwickelt, unterliegen nun angeblich dem Diktat eines ungebremsten Mobilitätsdenkens: Die vom Pfarrnovizen geforderte und geförderte Verbesserung der Lehrerausbildung verfehlt nach Auffassung des älteren GOTTHELFs ihr Ziel total: Die soganannten "wissenschaftlichen Lehrer" sind neuerungssüchtig und modeabhängig, eigentliche Knechte der "Unbeständigkeit", der "Veränderungssucht". Alle Tage wollen sie "andere Methoden, andere Gesetze, andere Verfassungen, andere Glaubensformeln". Sie begünstigen mit ihrem unkritischen Modernisierungsgehabe Autoritätsabbau und Traditionszerfall. - Somit hat Schule nicht nur nicht, wie von GOTTHELF erhofft, religiös-sittliche Defizite des Volkes gemindert, sie hat durch die Preisgabe des christlichen Masses gesellschaftliche und sittliche Probleme verschärft.

Der Positionswechsel GOTTHELFs ist unübersehbar. War er ein Wendehals? Genaueres Hinsehen, auch über den Kontext der zwei pädagogischen Schriften hinaus, zwingt zu differenzierter Deutung. In seiner Absicht, eine christliche Metanoia des einzelnen und eine Verchristlichung aller Lebensbereiche anzustreben, blieb der Berner Pfarrer konstant; variabel gestaltet sich dagegen seine Einschätzung der Einrichtungen und Mittel, die er für geeignet hielt, auf den ambivalent strukturierten Menschen einzuwirken und eine Umkehr zu stützen.

In diesem doch dramatischen Einschätzungswandel drückt sich eine nachhaltige Erschütterung aus. GOTTHELF entdeckte, dass seine Vision einer "Versöhnung" von Christentum und Aufklärung, von Glauben und Wissen angesichts eines epochalen ökonomischen und ethischen Umbruchs endgültig zu scheitern drohte. Auf eine entfesselte Zeit, in der nach seinem Urteil jede Transzendenz eliminiert und der christliche Kosmos in diffuse, beliebig veränderbare Wertpartikel aufgesprengt wurde, glaubte der ins Abseits geratene Schriftsteller nur noch mit radikalen literarischen und publizistischen Mitteln reagieren zu können. Er begann, die "natürlichen" Lebenswelten der Überlieferung, so der Familie, hochzustilisieren, während er ein künstliches, zunehmend verweltlichtes Gebilde wie die Schule mit aller Kraft in die christlichen Schranken verwies. Denn eines war ihm gewiss: Ein Verlust der metaphysischen Bindung muss verantwortliches Handeln aushöhlen und die Gefahr ökonomischer und politischer Diktatur nach sich ziehen. Am schwersten hätten unter derartigen Entwicklungen die Schwächsten zu leiden, hilflose Arme und "wurzellose" Kinder, denen das Engagement des Menschenfreundes PESTALOZZI, GOTTHELF zufolge, vorab gegolten hatte.

Was bedeutet dies für die heutige Diskussion?

GOTTHELFs wechselvolle Auseinandersetzung mit der Schule vermag den Blick zu schärfen für Dilemmas, welche dieser zentralen Bildungsinstitution der Moderne auch heute eigen sind.

Was als Stärke der Schule gedacht ist, kann sich unversehens in Schwäche verkehren: Das Unterteilen (in Fächer, in Klassen) bedroht das Wahrnehmen von Zusammenhängen; das notwendige fortgesetzte Erneuern (der Inhalte, der Methoden, der Medien) gefährdet Vertiefung und Besinnung; das Sondern (der Schule vom "Leben", des Denkens vom Handeln) verführt zur Schaffung einer scholaren Kunstwelt. Die stete und systematische Verbesserung von Mensch und Welt, von der Schule versucht und versprochen, erweist sich als nicht verfügbar: Das Mehr an Wissen garantiert nicht ein Mehr an Orientiertheit; nicht berechenbar erscheint das Ergebnis einer schulförmigen moralischen Erziehung; vollends unbeherrscht bleibt die Veränderung der Gesellschaft. Vielerorts zeigt sich nicht nur Zuwachs und Gewinn, sondern auch Rückschritt, Verlust.

Vom älteren GOTTHELF ist zu lernen, dass Schulverantwortliche beharrlich nach dem Mass des Möglichen und damit auch nach den Grenzen der Schule zu fragen haben. Kritische Selbstvergewisserung und nicht-resignative Selbsbeschränkung sind nötig. Versagt bleibt uns hierbei der Rückzug in die ohnehin fiktive Sicherheit einer organischen, traditionsstabilen, wertkompakten Lebenswelt. Zu weit fortgeschritten ist die Komplizierung der gesellschaftlichen Sachverhalte, zu stark sind übergeordnete Wertsysteme auseinandergebrochen.

Wie im Rahmen liberaler und säkularer Wert- und Gesellschaftsordnungen der menschliche Ausgriff auch mit der limitierten Hilfe der Schule so orientiert werden kann, dass die Natur, der Mensch, die gesamte Schöpfung nicht (weiterhin) überfordert werden - diese Frage stellt sich allerdings als Dauerproblem.

Schule, Sache und Person

Schulen und das Gewicht der Zwecke

Als ich angefragt wurde, ob ich heute zu Ihnen sprechen möchte, sagte ich gerne zu. Ich betrachtete es als Ehre, an einem Anlass mitzuwirken, an dem künftige Kolleginnen und Kollegen gefeiert werden. Aber dann stellte sich Unsicherheit ein. Was passt zu einem derartigen Anlass?

Ich sondierte bei einigen früheren Absolventen der Abteilung für das Höhere Lehramt. Die Antworten fielen eindeutig aus: Etwas Ermutigendes möchten sie hören - und etwas Praktisches. Bloss keine apokalyptischen Szenarien am "fin de siecle", und nichts bloss Theoretisches.

Selbstverständlich, dass ich auf die Suche ging. Denn ich verspürte, was wohl die meisten Lehrerinnen und Lehrer vorantreibt: den Wunsch, die Bedürfnisse der einzelnen Adressaten zu berücksichtigen. Oder auch, weniger vornehm ausgedrückt: den Wunsch, anzukommen, zu gefallen.

Aber da meldete sich sofort ein Zweites: Als Lehrer fühle ich mich auch Bildungsanliegen verpflichtet, die individuelle und momentane Bedürfnisse überschreiten. Ich frage und suche nach *allgemeinen* Ansprüchen und objektiven Aufgaben. Ich frage und suche nach grundlegenden Bildungsgehalten und gründlichem Wissen. Damit gerate ich immer wieder und geriet ich auch jetzt mitten in eines der schwierigsten Dilemmas des Lehrerberufs. Wie Schule und Lehrpersonen mit diesem spannungsvollen Komplex, gebildet aus "allgemeinen" Sachen und den Wünschen der Subjekte, umgehen können, dazu möchte ich einige Einsichten formulieren.

Zum Vorgehen: Ich beginne mit der Seite des sogenannt Objektiven und werde Sie damit in die olympischen Höhen der bildungsphilosophischen Prinzipien führen, dorthin, wo wir Pädagogen und Pädagoginnen uns so gerne aufhalten, weil die Luft rein ist und der Widerstand gering scheint. Dann werde ich mich einigen Realitäten heutiger Schülerinnen und Schüler zuwenden und nach dem Schulrecht der Lernenden fragen. Schliesslich versuche ich mich, auch das wohlbekannte Pädagogenmanier, im Wandern zwischen zwei Welten ...

Kein Zweifel: Die Welt, in die die Schule heute gestellt ist, kommt unseren allfälligen Wünschen nach Ruhe und Zuversicht nicht entgegen. Unüberseh-

Bilanz und Perspektive: *Skepsis und Hoffnung*

bar ist der rasante und dissonante Wandel so vieler Dinge. Ich erinnere an Ereignisse, die Ihnen geläufig sind: Die Mauer ist zwar gefallen, aber Nationalismen drohen; Freizeit mehrt sich, aber Arbeit schwindet; Informationstechnologien und Neue Medien erleichtern die Übermittlung von Information, aber beeinträchtigen nicht selten die Orientierung. Der unübersehbare politische, ökonomische und kulturelle Wandel scheint es der Schule, auch der gymnasialen, nahezulegen, sich radikal zu verändern. Und da, denke ich, darf Schule, darf das Gymnasium sich zu einem Teil auch widerborstig zeigen. Was heisst das?

Allgemeinbildende Schule hat, das ist ihr überlieferter Kern, sorgfältig in jene Bereiche des Wissens und Könnens einzuführen, von denen wir annehmen, dass sie grundlegend sind für die Fortsetzung unserer Kultur und für das Verstehen der Individuen. Die zentralen Themen sind gewiss stets strittig, nie abschliesssend zu formulieren. Festzuhalten ist nach meiner Einsicht jedoch an der Überzeugung, dass die Themen nicht einfach aktuellen Bedürfnissen von Wirtschaft und Gesellschaft entlang ausgewählt und nicht bloss nach freizeitlichen und medialen Standards beurteilt werden dürfen. Nicht spezielle und unmittelbare Vorbereitung auf das Leben – auf Beruf, Politik, Wissenschaft – kann das primäre Ziel einer allgemeinbildenden Schule sein; anzustreben ist vielmehr das, was die Grundlage jedes öffentlichen Handelns ausmacht und im Rahmen unmittelbarer Lebensabläufe gerade nicht zu sichern ist, der Aufbau eines gründlichen und selbständigen Verstehens. Nicht an den verlockenden, funkensprühenden Attraktionen der modernen Medien darf sich Schule ausrichten und messen, sondern am Massstab eines geduldigen und beharrlichen Nachdenkens über die Phänomene unserer Welt. Schulen, die sich diesem Geschäft zu widmen haben, sind damit alles andere als Paradiese, in denen Lernen nach Wunsch und im Schlafe wohl möglich sein müsste.

Meine Behauptung oder Beschwörung einer anspruchsvollen Bildung, tönt in einigen Ohren wohl sehr museal ("da sind sie wieder, die wohlbekannten Sprüche ergrauter Schulmeister, die immer noch glauben, die Welt drehe sich um Schule, und alles Nicht-Klassische sei schleunigst zu exorzieren") - und ich beeile mich, nach progressiv anmutenden Argumenten Ausschau zu halten, um so zumindest naheliegender Vereinahmung durch Schulbewahrer vorzubeugen. Deshalb wende ich mich der Frage zu, welches zusätzliche Recht den Jugendlichen in unseren Schulen zukommt. Bevor ich meine Antwort darlege, bitte ich Sie, sich einmal zu überlegen: Wen haben wir da vor uns, in den durch ausländische Raumpflegerinnen meist klinisch gereinigten Fachzimmern der Höheren Mittelschulen? Wenn ich karge empirische Erkundungen (vgl. KELLER 1990; GONON 1992) generalisiere, dann doch in erster Linie brave junge Menschen, die den begrenzten Zweck der Schule durchaus realistisch einschätzen: Man braucht den Schein. Zwar wünscht man sich etwas mehr Selbständigkeit, mehr Abwechslung und einen verbesserten Lebensbezug im Unterricht, ansonsten aber gibt man sich schulfreundlich. Demnach, so finden wir uns vorerst beruhigt, sind Krisenbeschreibungen, wie sie etwa in der Weltwoche (KUHN 1990) genüsslich ausgebreitet wurden, nicht mehr als medienwirksame Globalisierungen vereinzelter Stimmen. "Selbstoffenbarungsangst, gepaart mit Konsumismus" wurde da bei den Gymnasiastinnen und Gymnasiasten geortet. Wenn aber die konstatierte Sprachlosigkeit einzelner Schüler doch mit dem zu tun hätten, was wir mit und durch Schule allfällig zudecken und stilllegen: mit den ausserschulischen Milieus (gebrochene Familien etwa sind an der Tagesordnung); mit den Ängsten, Zweifeln, die sich in der irritierenden Welt ergeben und nun mit ungeeigneten Mitteln bewältigt werden (der Zürcher Sozialpädagoge und Seminarleiter Jürg SCHOCH gelangt aufgrund empirischer Untersuchungen zur Annahme: ein Viertel unserer Schüler greift bei Schmerzen rasch und regelmässig zu Medikamenten; einzelne sorgen regelmässig mit Alkohol für Ablenkung; ungefähr die Hälfte leidet an psychosomatischem Dystress, an Müdigkeit, Nervosität, Traurigkeit, nicht wenige an Bauch-, Rücken- und Kopfschmerzen; nahezu ein Drittel schlägt sich zuweilen mit Suizidgedanken herum; vermutlich ein Achtel wurde im Kindes - oder Jugendalter sexuell missbraucht). Wenn das äusserlich konforme schulische Verhalten zum Teil nur verbergen würde, dass sich Schüler und Schülerinnen eingeengt fühlen, an sich und der Zukunft zweifeln, Rückzüge in sich selbst vornehmen? Wenn jugendliche Coolness andererseits faszinierende Möglichkeiten der Jugendlichen kaschierte, sich selbst und Kultur neu zu entwerfen? Wäre es da wichtig, aufmerksam hinzuhören und hinzusehen, und wäre Schule in ihrer Funktion zu ergänzen - in überlegter und schulbesonderer Art auch als jugendnaher Lebensraum zu gestalten?

Bilanz und Perspektive: *Skepsis und Hoffnung*

Ich denke ja. Schülerinnen und Schüler sind umfassend wahrzunehmen, und Schule hat sich sensibel auch auf das einzulassen, was Jugendliche heute (und nicht in einer ungewissen Zukunft) beschäftigt. Ich höre schon Ihre Einwände: "Jetzt bringt er durch die Hintertüre der Bühne genau das wieder in die Schule, was er vorher wegbeschwört hat, nämlich Freizeit, Medien, billiger Konsum, den Untergang des Abendlandes." Das ist nicht die Absicht. Ich denke nicht daran, jugendliche Bedürfnisse zu romantisieren, und ich möchte mich nicht stark machen für die Idee, aus Schulen Freizeitparks und Konsumtempel zu machen. Teiloffene jugendnahe Schulen sind keine Discotheken, in denen Lehrer als Gottschalks auftreten, in glitzernden Klamotten flippige Nummern präsentieren, begleitet von Lichterblitzen und Geräuschkaskaden aus Verstärkertürmen. Teiloffene jugendnahe Schulen sind keine Supermärkte, in denen alles und jedes zu haben ist, glaubt man nur den rührigen Verkäufern. Schule als Raum, in der die Gegenwart der Schüler und Schülerinnen ernstgenommen wird, kann nicht alles aufnehmen, was Jugendliche beschäftigt und auch nicht all das kompensieren, was ihnen ausserschulisch vorenthalten wurde, beispielsweise an primären Sinneserfahrungen, an Eigentätigkeit, an Zusammenhang oder auch an Geborgenheit und Verlässlichkeit. Und Jugendliche, denke ich, wollen nicht alles, was an Phantasien und geheimen Wünschen in ihnen rumort, in eine Einrichtung tragen, die zwingend mit Rationalität und Kontrolle verbunden ist. Vieles, was sie wirklich lernen müssen, weil es ihre Existenz trifft, lernt sich besser in peer groups und Freizeitszenen und nicht in fremdarrangierten Räumen, das wissen Heranwachsende sehr wohl. Aber spüren müssten Jugendliche, dass sie unterrichtliche Themen, Methoden, Medien mitgestalten dürfen und mitverantworten müssen, ohne augenblicklich mit dem Hinweis auf Stofffülle und Lehrplan und Trivialität niedergehalten zu werden. Spüren müssten sie, dass das Schulleben Raum gibt für die Präsenz der Körper und Sinne, für reflektiertes Eigentun, für Spass und Spiel, für Zeitvergessene und Phantasten, all dies also nicht sofort sofort im Umkreis von pubertärer Alberei und Sittenzerfall wahrgenommen wird. Spüren müssten sie, dass sie recht haben, wenn sie auf Widersprüche zwischen Schulverfassung und Schulrealität hinweisen, und dieses Recht behalten, auch wenn ihr eigenes Handeln keineswegs widerspruchsfrei ist.

Was ich hier unterstütze, ist der Versuch der Schule, zwischen unverzichtbaren kulturellen Lernangeboten und spezifischen Ansprüchen der lernenden

Menschen zu vermitteln. Schule muss Standards einer anspruchsvollen Bildung bewahren - und das Recht der Schülerinnen und Schüler ernstnehmen, in Schulen ein Stück weit identitätsförderliche erfüllte Gegenwart zu erfahren. Schule muss Schule bleiben - und ernsthaft daran arbeiten, sich gemäss jugendlichen Impulsen (kognitiven, aber auch emotionalen, kreativen, selbst spiritistischen) zu erneuern. Und da kann es sich ergeben, dass die herkömmlichen Schulformen erschüttert werden. Schulzimmer, in denen sich die Stoffmatterhörner erheben, geraten in Unordnung, sind neu zu ordnen ...; Jahrgangs- und Lektionenstrukturen wanken, Block- bzw. Epochenunterricht wird diskutiert ...; in alten Schulgemäuern klaffen Spalten und wildes Unkraut beginnt zu wuchern: Formen des individualisierenden und handelnden Lernens, der unterstützenden statt auslesenden Leistungsbeurteilung, Feste, freiwillige Arbeitsgemeinschaften ... Sicher: Konflikte sind unvermeidlich; sachliches und lustvolles Ausbalancieren von kontroversen Gegebenheiten ist angesagt. Denn um die Balance, um das Sowohl-als-auch geht es in der Frage der schulischen Grundaufgaben. Die Areale, welche die beiden Aufgaben beschlagen, weiss ich Ihnen allerdings nicht zeit- und situationsenthoben zu markieren. Hier sind die Lehrer und Lehrerinnen und, oft vergessen, die Lehrerinnenteams gefragt. Dazu noch zwei Schlussgedanken, die dem angesagten Wandern zwischen den Welten gewidmet sind.

Zum ersten: Fast nichts scheint in der breiten Öffentlichkeit so unbestritten: Die Persönlichkeit des Lehrers, der Lehrerin ist entscheidend für die Wirkung der Schule. Wenn die Lehrkraft nur "gut gelaunt, fröhlich, nicht zu streng, lebenserfahren" ist – ich zitiere Schülerstimmen –, dann erfüllt Schule ihren Auftrag. So schön die Annahme, ich sehe es komplizierter. Eine gute Schule erfordert zunächst einmal Lehrer und Lehrerinnen, die Professionelle sind: fachlich exzellente, methodisch versierte, psychologisch grundlegend orientierte Berufsleute, denen man anmerkt, dass sie ihre Arbeit im Rahmen eines anerkannten Amtsauftrags so kennen, beherrschen und begründen, wie es eben der Laie nicht könnte. Zu Recht also ihr Ansehen, und zu Recht auch ihre Ausbildung, die sich nicht mit Meisterlehren und on the job trainings zufriedengibt, sondern pädagogisch-didaktische Reflexion verlangt. Gleichzeitig erfordert die Schulaufgabe Personen, die es nicht nötig haben, sich dort eilig hinter ihrer Amtsrolle zu verbergen, wo Menschlichkeit gefordert ist. Selbstverständlich erscheint das, wenn von der Lehrkraft, im Rahmen von Schulfesten und Studienreisen beispielsweise,

Bilanz und Perspektive: *Skepsis und Hoffnung*

aussercurriculare Kompetenzen gefragt sind, Witz, Mut zur Improvisation, Selbstironie. Schwieriger wird es, wo Lehrkräfte mit existenziellen Fragen und Problemen der Schüler und Schülerinnen konfrontiert werden. Eine Klasse übt sich in Selbstzerfleischung - und fordert eine sowohl sozialkompetente wie menschlich teilnehmende Lehrperson. Eine Schülergruppe bringt, betroffen, hilflos, Bilder der Gewalt aus Bosnien in den Mathematikunterricht - und eine menschlich reagierende Lehrkraft verbirgt nicht die eigene Trauer und Hilflosigkeit; sie ermutigt, dennoch, zum Weiterdenken, was ihre Mathematik-Lektion bedroht, und sie ist bereit, eine ausserschulische Hilfsaktion zugunsten der Kriegsopfer mitzutragen. An Lehrkräften, die derart Professionalität und Personalität zu verbinden suchen, können Schüler lernen, dass Institutionen Menschen nicht überwältigen müssen.

Damit ist ein Zweites verknüpft. Lehrer und Lehrerinnen sind individuelle Personen, und als solche treten sie in ihren Fachräumen auf: Kompetente Spezialisten, Menschen mit Ecken und Kanten, Grufties der 68er Bewegung vielleicht, Birchermüeslifans oder Autofreaks, fröhlich und aufgestellt manchmal, manchmal griesgrämig, weil mit Beziehungssorgen überladen, alles ehrlich, wenn auch, im schulischen Rahmen selbstverständlich, mit Mass. Deutlicher als bisher, so denke ich, müssten allerdings diese Individualitäten die Chancen nutzen, welche in Kooperation und Teamarbeit liegen. Gerne greife ich, um konkret zu werden, auf Beispiele zurück, in denen ehemalige Absolventen und Absolventinnen der Abteilung für das Höhere Lehramt eine Leaderrolle ausfüllen. Beispielhaft ein junger Kollege, Deutschlehrer: Er lamentierte nicht über das Desinteresse seiner Primaner, sondern animierte befreundete Kollegen und Kolleginnen, gemeinsam mit den Klägern nach Gründen und Abhilfen zu suchen. Ansätze zu einem projektartigen Lernen wurden entwickelt. Für eine Versuchsdauer von mehreren Wochen legten die Kollegen Stunden zusammen, planten und realisierten fachübergreifenden Unterricht ... Provokant die Initiativen einer Frauen-Power Gruppe. Mit heiteren Agitationen untergruben sie schwerfällige Organisationsstrukturen, erneuerten sie aber gleichzeitig phantasievoll und pfiffig. Neue Konferenzformen wurden angeregt, Inter- und Supervisionen entsprangen ihren Köpfen, Kollegiumsfeste, arbeitsplatzbezogene Fortbildungen und manch anderes grausliche Ding entwickelte sich - und alles wurde initiiert ohne das übliche pädagogische Getue.

Wäre das auszuweiten? Couragierte formieren sich zu Gruppen, Gruppen wirken als Sauerteig in Kollegien, Kollegien gewinnen an Statur und Kontur, die Handlungseinheit Schule imponiert als Schule mit Profil ... Behörden sehen sich nicht Weichtieren, sondern Personen mit geradem, weil teamgestütztem Rücken gegenüber, sie revidieren ihre Bilder von den Ferientechnikern und verhinderten Wissenschaftlern der Nation; sie überprüfen ungerechtfertigte Nulltarifmentalität ...

Damit wäre ich zum Schluss doch noch bei Zuversichtlichem angelangt - und bei jener Formel, die meine Schularbeit trägt: Skepsis und Hoffnung.

Ich wünsche Ihnen für Ihre künftige Arbeit skeptische Hoffnung - und Sie werden mit Ihren Schülern und Schülerinnen und Ihren Kolleginnen eine Schule bauen, die zwar nicht den Neuen Menschen schafft, nicht Krieg, nicht Armut, nicht Umweltzerstörung verhindert, die aber den Anstoss geben kann, dass Heranwachsende sich auf den Weg machen, um an der Gestaltung einer gerechten Welt mitzuwirken.

Gewalt in der Schule

Schulen und Spielräume

Berichte über Gewalttätigkeiten überschwemmen die Öffentlichkeit. Alltäglich sind die Meldungen von gewalttätig ausgetragenen Ehekonflikten und Kindsmisshandlungen; überall ist derzeit die Rede von Menschen, die auf offener Strasse bedroht und beraubt werden; regelmässig berichten die Medien von rüden Attacken gegenüber Ausländern. Besonders beunruhigen Meldungen von Jugendlichen und selbst Kindern, die Gewalt von bislang ungekannter Art zeigen. Jugendbanden verüben Raubüberfälle, "Homeboys" und "Skinheads" brutalisieren Asylsuchende und Homosexuelle; sie scheinen, glaubt man den Massenmedien, keine Hemmschwelle zu kennen. Schockierend wirkt der Umstand, dass Gewaltakte zunehmend die Grenzen spezieller Szenen und Räume überschreiten. Horrormeldungen treffen von Schulorten ein: Schüler erpressen Mitschüler, vorab schwächere Schüler und Schülerinnen werden spitalreif geschlagen, ein Abwart wird verprügelt. Dabei genügen die Fäuste nicht mehr. Klappmesser, Schlagringe, Eisenstangen, Baseballschläger und Schusswaffen tauchen auf und werden eingesetzt. Der BLICK denkt an amerikanische Verhältnisse (BLICK, 6. April 1992, 1). Veranstaltungen zur Gewalt an Schulen schiessen wie Pilze aus dem Boden. Befürchtungen breiten sich aus, es könnten die Feuer nicht mehr gelöscht werden. Experten und Expertinnen werden geholt, Erklärung und Hilfe wird eingefordert.

Erklärung und Rat wird auch von mir erwartet. Allzu hochgesteckten Erwartungen möchte ich, Überforderung fürchtend, schon zu Beginn die Spitze brechen. So werde ich aus dem vielschichtigen Zusammenhang, den gewalttätige Ereignisse darstellen, nur einen Ausschnitt behandeln. Ich beschränke mich auf Teile jenes kontrollierten Wissens, das zur Genese und Bewältigung von Gewalt in schulischen Zusammenhängen greifbar ist. Dabei werden mich Zweifel begleiten, die auch Ihnen bekannt sein dürften: Ist die schon fast hektische Art, mit der wir uns gegenwärtig schulischen Gewaltphänomenen zuwenden, nicht gerade eine Ursache von verstärkter Unruhe in unseren Schulhäusern? Lassen wir uns von Massenmedien, die unsere voyeuristischen Neigungen klug aufgespürt haben, nicht einfach verführen, ein Problem zu dämonisieren - und damit erst gefährlich zu machen? Wäre nicht Zurückhaltung am Platz? Oder leisten wir mit einer

Bilanz und Perspektive: *Skepsis und Hoffnung*

---

nüchternen Haltung gegenüber aggressiven Akten einer Zunahme der Gewalt Vorschub, verharmlosen, was sich zur Weltgefahr auswachsen kann?

Diese Zweifel werden mich dazu anleiten, der Analyse genügend und den Handlungsvorschlägen nicht vorschnell Raum zu geben. Zu Recht erwarten Sie von mir allerdings Hinweise, wie den Gewaltausschreitungen in der Schule vorgebeugt oder wie sie vermindert werden können. Nicht Rezepte werden Sie erwarten dürfen; aber ich hoffe, Ihnen glaubhaft darstellen zu können, dass Schulen dort gegenüber Gewalt nicht ohnmächtig bleiben müssen, wo die Lehrkräfte, keineswegs unkritisch, vermehrt auf Teamarbeit und professionelle, überlokal unterstützte Schulentwicklung setzen.

Im einzelnen gehe ich so vor, dass ich

- den Begriff Gewalt zu regeln versuche;
- nach dem frage, was man über die Entstehung von Gewalt in der Schule vermutet oder als wahrscheinlich erkennt;
- Richtpunkte eines Handelns darlege, das gewalttätigem Verhalten vorbeugen kann oder doch zu dessen Bewältigung beiträgt.

Eröffnen möchte ich meine Überlegungen mit einer kleinen Szene, die ich im Februar 1992 als Beobachter an einer öffentlichen Schule in Deutschland miterlebt habe.

Normaler Schultag an einer kombinierten Haupt- und Realschule. Ein Lehrer führt mich durchs Schulhaus. Durch helle, freundliche Gänge und über breite Treppen erreichen wir den Hauswirtschaftraum. Darf ich einen Blick hineinwerfen? Selbstverständlich, die Räume sind zugänglich. Bevor wir eintreten, ziehen zwei Menschen meine Aufmerksamkeit auf sich. Am Rande der Treppe stehen sich eine kleine Frau und ein junger grossgewachsener Mann gegenüber, Lehrerin und Schüler, wie ich später vom begleitenden Lehrer vernehmen werde. Unverkennbar die drohende Haltung des bullig wirkenden Burschen, keineswegs eingeschüchtert die Haltung der zierlichen Frau. Sie versucht, auch das erschliesst sich mir erst später, den Schüler davon zu überzeugen, dass er in den Unterricht zurückzukehren hat, den er wütend verlassen hatte. Spannung liegt in der Luft. Mein Begleiter scheint sich nicht darum zu kümmern, jedenfalls fährt er ohne erkennbare Erregung in seinen Erläuterungen fort. Plötzlich sehe ich, wie der junge Mann die Faust gegen die Lehrerin erhebt. Gleich wird er zuschlagen, fährt es mir durch den Kopf. In diesem Moment der kurze bestimmte Ruf meines Begleiters: "Frank!" Der Junge hält inne, offensichtlich widerwillig. Mein Begleiter tritt zu ihm, legt ihm die Hand auf die Schulter, spricht einige Worte, die ich nicht verstehe, später erfragen muss. Die Worte wirken, der Schüler trottet hinter der Lehrerin zurück in den Unterrichtsraum.

Ich erlaube mir, die kleine Szene erst allmählich, Schritt für Schritt, aufzulösen. Vorerst dürfte sie bei Ihnen wie bei mir damals einiges an Emotionen und Vermutungen aufwühlen. Emotionen: Soweit muss es kommen in unserer fernsehdominierten Welt, in der überlieferte Werte leichthin verabschiedet und Autorität lächerlich gemacht wird. Schüler bedrohen Lehrer, Ohnmacht breitet sich aus, Burnout bei überforderten Lehrkräften ... Vermutungen: ein Videokonsument, fast sicher aus gebrochenen familiären Verhältnissen, nie angehalten zu Respekt und Anerkennung von Grenzen. Oder dann ein Ausländer ...?

Jetzt ist vertieft zu fragen: Halten diese Annahmen einer gründlicheren Analyse stand? Und zuvor: Habe ich es hier überhaupt mit einem Ereignis zu tun, das, systematisch gesehen, im Umkreis von Aggression und Gewalt angesiedelt ist?

Eine Umschau bei verschiedenen Forschern zur Frage des Aggressions- und Gewaltbegriffs (vgl. u.a.: HURRELMANN 1989; NOLTING 1991) fördert neben irritierender Vielschichtigkeit und Uneinheitlichkeit doch die Umrisse eines Minimalkonsensus zutage, der für den theoriebewussten Praktiker eine Verständigungshilfe darstellen kann. So verschieden die Definitionsversuche sind, etwas wie Einigkeit scheint sich darin abzuzeichnen, es sei mit Aggression ein Verhalten zu umreissen, das auf eine Beschädigung oder Verletzung zielt. Mit aggressivem Verhalten will ich ein anderes – direkt oder indirekt, offen oder verdeckt, körperlich oder verbal – schwächen, verletzen. Dieser Begriffsregelung, welche nur die negativen Elemente akzentuiert, steht die Auffassung der Psychoanalyse entgegen. Ihr Aggressionsbegriff umfasst – ich folge hier RAUCHFLEISCH (1992, 11) – neben negativen auch positive Formen der "Bewegung hin auf Personen oder Gegenstände in der Aussenwelt". Destruktive Aktivitäten wären demnach abzuhe-

Bilanz und Perspektive: *Skepsis und Hoffnung*

ben von je nach Umständen positiv zu wertenden Aktivitäten der Selbstbewahrung und Selbstbehauptung. Beide Auffassungen werden mit dem Aggressionsbegriff gefasst. Aggression wird dabei als ursprüngliche Kraft verstanden. Demnach liegen zerstörerische wie konstruktive Akte in der Natur des Menschen gleichsam bereit.

Ich folge dem engeren Begriff. Mit FUERNTRATT (1974, 283) verstehe ich unter Aggression jene Verhaltensweisen, "die Individuen oder Sachen aktiv und zielgerichtet Schaden zufügen, sie schwächen oder in Angst versetzen". Ebenso folge ich einer Auffassung, welche aggressives Verhalten nicht als Ausdruck "natürlicher" Elemente des Menschen begreift, sondern als Ergebnis meist komplexer Wechselwirkungsprozesse zwischen personalen und situativen Faktoren. Im Zentrum meiner Aufmerksamkeit stehen jene Konstellationen, welche den Aufbau eines Selbst entscheidend zu beeinflussen vermögen (vgl. SCHWIND et al. 1990; HURRELMANN 1989). Der Umstand, dass hierbei komplizierte gesellschaftliche, kulturelle, erzieherische, auch schulische Faktoren in schwer entwirrbarer Weise zusammenwirken, verunmöglicht simple Analysen und Erklärungsmuster.

Zur Definition der Gewalt. Auch hier gelingt eine Übereinkunft nicht leicht (vgl. u.a. SELG/MEES/BERG 1988). Weithin durchgesetzt hat sich jedoch die Auffassung, es sei mit Gewalt jene Form der Aggression zu bezeichnen, in der Menschen und/oder Objekte gezielt attackiert werden, ohne dass, auf die Menschen bezogen, Bedürfnisse und Interessen der angezielten Gegenüber berücksichtigt werden. Dabei lassen sich neben den bekannten Formen physischer und psychischer Gewalt auch Formen symbolischer und struktureller Gewalt ausmachen.

Gerade die letztere führt zu einer nicht unproblematischen, aber in meinen Augen notwendigen Ausweitung des Begriffs. Es gerät ins Blickfeld, wie Menschen dadurch Gewalt angetan wird, dass ihnen unverzichtbare Lebensbedingungen entzogen werden (vgl. GALTUNG 1975).

Nach dieser nur groben Begriffsklärung zurück zu Franks drohender Faust. Dass es sich um eine zumindest ernsthafte Vorform von Gewalt handelt, die in unmittelbarer Nähe zur tätlichen Gewalt steht, scheint klar. Frank bedroht die Lehrerin, will ihr Schaden zufügen, spielt seine körperliche Überlegenheit aus. Die destruktive Komponente liegt bloss; nur vermutbar sind allerdings die Hintergründe. Probeweise spiele ich einige Interpretationen durch: Frank bedroht seine Lehrerin, weil sie ihn, allfällig ungerechtfertigt, zurechtgewiesen hatte und er nun seine Wut loszuwerden versucht ...; weil er, ein Opfer prekärer Familienverhältnisse und deshalb ungeborgen und wenig selbstbewusst, Freude empfindet, Schwächere zu ängstigen ...; weil er vor seinen Kameraden das Gesicht wahren oder sich wichtig machen will ...; weil er, verschlüsselt, mit untauglichen Mitteln, auf eine Notlage aufmerksam machen will ... Aber vielleicht ist alles anders: Frank droht, weil er, spielerisch, seine Möglichkeiten und Grenzen und die Möglichkeiten und Grenzen anderer austesten will und das rechte Mass verfehlt ...; weil er der insgeheim bewunderten Lehrerin auf wenig adäquate, in gewissen jugendlichen Subkulturen aber durchaus geläufigen Weise imponieren möchte ...; weil er, zu geeigneterem Konfliktmanagement nicht angeleitet, spontan antritt gegen eine insgesamt desolate Klassenführung durch die Lehrerin. Ohne Mühe wären hinter den angeführten Alltagsannahmen Theorien auszumachen, welche in der Aggressionsforschung eine gewichtige Rolle spielen.

Das kleine Gedankenspiel mag ausreichen, um hervorzuheben, was jede Lehrkraft zur Genüge kennt und nicht immer genügend berücksichtigen kann: Eine Handlung erschliesst sich mit ihren Absichten und Ursachen erst im Rahmen eines konkreten Kontextes, wobei die Deutung zwingend mit den Wahrnehmungen und Wertungsweisen des beurteilenden Subjekts zu tun hat. Sie ist eingebettet in interaktive Bezüge, mitgeprägt von gesellschaftlichen, kulturellen und institutionellen Normen, abhängig von momentanen und relativ überdauernden Faktoren. Ist nun Franks Drohgeste gewaltförmig, also destruktiv in der Tendenz, einen anderen Menschen zu schädigen - oder gewaltförmig nur dem äusseren Anschein nach, aber mit begreiflichem, ja gutmeinendem Hintergrund? Was helfen klare Definitionen angesichts einer unreinlichen Praxis? Und weiter. Was hilft wissenschaftliches Wissen über die Entstehung von Aggression und Gewalt, wenn die Kernaussage darin besteht, dass jede Erklärungsweise ihr begrenztes Recht habe, Freud und die Triebtheorie ebenso wie Miller/Dollards berühmtes, inzwischen korrigiertes und differenziertes Frustrations-Aggressionskonzept (DOLLARD et al. 1939) oder die Erkenntnisse jener Lerntheoretiker, welche sozial-kognitive Momente ins Zentrum rücken (NOLTING 1991)?

Bilanz und Perspektive: *Skepsis und Hoffnung*

Bevor wir in Resignation stürzen, immerhin das als, wie ich meine, erstes positives Fazit: Wenn abweichendes menschliches Verhalten nicht ohne Mühe zu identifizieren und oft nur schwer zu entziffern ist, wenn Entstehungszusammenhänge so komplex konstelliert sind, dann muss uns alles daran liegen, den je konkreten Einzelfall, durchaus auf der Basis von geprüften Theorieangeboten, sorgfältig zu ergründen, vorschnelle Schuldzuschreibungen zu vermeiden, geduldig nach dem Sinn, nach der Botschaft der jeweiligen fraglichen Handlungen zu fahnden. Dass eine derartige Haltung nicht hindert, destruktiven Akten entschieden entgegenzutreten, werde ich später zeigen.

Noch bleibt die Drohgebärde Franks ungeklärt. Ich brauche mehr Informationen, um die Situation zu entschlüsseln. Nur ein Bruchteil dessen, was mich interessierte, brachte ich damals in Erfahrung: Frank, ein längst verhaltensauffälliger Schüler, Kind geschiedener Eltern, der Vater, der sich seit Jahren kaum mehr blicken lässt, arbeitslos, die Mutter lebt von der Sozialhilfe, dies allerdings in einem Quartier, in dem Armut und Deprivation nichts Aussergewöhnliches darstellen. Sie ist ausserstande, sich um den Jungen zu kümmern, der sich Jugendbanden angeschlossen hat, die auf "Fremdenklatsche" gehen, häufig alkoholisiert sind, ihre armseligen Zuhause mit verrufenen Strassen im Quartier vertauschen.

Vieles, was eine noch ungenügende Forschung auf dem Gebiet der Jugendgewalt an gewaltförderlichen Faktoren ausfindig gemacht hat, versammelt sich rund um Frank und dürfte seine Gewaltbereitschaft bestimmen: belastende familiäre Beziehungen (u.a. die Nicht-Präsenz einer geeigneten männlichen Identifikationsfigur, die soziale Isolation der Familie), materielle Armut, beengte Wohnverhältnisse, ein Quartierumfeld, in dem sich sozial randständige Menschen aggressive Handlungsmuster zulegen (müssen), um notdürftig zu überleben ...

Unter Rückgriff auf Kontroll- und Reaktanztheorien einerseits und auf eine freilich nicht in jeder Hinsicht überzeugende Basler Studie (STEINER 3/90) über aggressiv-delinquente Jugendliche, die selbsttheoretische Erklärungen ins Zentrum rückt, anderseits, lässt sich vermuten, dass Frank mit beträchtlichen Selbstwertproblemen zu kämpfen hat; es fehlt ihm der Glaube, sein Leben kontrollieren zu können, er dürfte sich abhängig, machtlos fühlen. Das schlechte Selbstkonzept korrespondiert vermutlich mit geringer Frustrationstoleranz. Einschränkungen wird Widerstand entgegengesetzt, innere Leeregefühle werden kompensiert, indem man mannigfache dröhnende Stimulanzen sucht, mit Schlägereien Langeweile und Perpektivelosigkeit überspielt. Der Gruppe kann die Funktion einer Enthemmerin zukommen. Allfällige Angst vor negativen Konsequenzen schmälert sich, wenn die Verantwortung mit anderen geteilt oder an andere delegiert werden kann.

Unschwer, sich nun auszumalen, wie sich Frank in der Schule verhalten dürfte: Die Leistungskultur der Schule, der seine familiären Bezugspersonen indifferent gegenüberstehen, dürfte von ihm als fremdartig wahrgenommen und abgewehrt werden, das Verletzen von Schulregeln könnte kaum überraschen. Nicht verwunderlich wäre, wenn Frank, schwache Selbstachtung kompensierend, ein männlich-aggressives Imponiergehabe besonders gegenüber Frauen und schwächeren Mitschülern demonstrieren würde. Gekoppelt mit einem denkbaren schulischen Leistungsversagen, das verschiedenen Studien zufolge bei gewaltbereiten Jugendlichen häufig auftritt (HURRELMANN 1989; ferner NIEBEL et al. 1993), wird das Bündnis zwischen ausserschulischen und innerschulischen Negativfaktoren zu Dynamit im Inneren Franks. Das kann zu gefährlichen Aktionen führen, sofern nicht resignative und depressive Muster die individuelle psychische Verarbeitungsstruktur bestimmen.

Tatsächlich erwies sich Frank als schwieriger Schüler. Er provozierte offen und versteckt im Klassenraum; er verweigerte die Mitarbeit, verliess demonstrativ den Unterricht; er erpresste Mitschüler und soll Mitschülerinnen sexuell bedroht haben; er zerstörte, in der Grundschule schon, eine Toilettenanlage. Ein ständiger Herd von Unruhe und Normbruch hielt er seine Lehrkräfte in Atem, destruierte mit kräftiger Regie das offizielle Bildungsprogramm. Der schulpsychologische Dienst wurde eingeschaltet, eine spürbare Besserung trat nicht ein. Einem Ortswechsel folgte ein Wechsel der Schule. Seit einem Jahr besucht er die neue Schule - und jetzt die Bedrohung der Lehrerin.

Wenn Sie mir bis jetzt zugehört haben, dann dürfte sich bei Ihnen Enttäuschung eingestellt haben. Defizitäre Familien, Medienkonsum, Wertzerfall, jüngst Arbeitslosigkeit, dagegen vermögen wir mit Schule nichts. Zudem:

Bilanz und Perspektive: *Skepsis und Hoffnung*

Was hilft es, differenziert die möglichen Gründe schulischer Gewaltakte aufzuweisen, wenn Zeit und Mittel fehlen, um differenziert reagieren zu können. Vor der Fülle der möglichen Theorien artikuliert sich Hiflosigkeit, Lähmung - oder Wut. Der Hinweis, sich vorschnelle Etikettierungen zu versagen, verschlimmert alles nur noch.

Darauf möchte ich jetzt reagieren und allmählich zu möglichen Handlungsprinzipien und Bündeln von Massnahmen übergehen.

- Ich beginne mit schulempirischen Ergebnissen, die schlimmste Befürchtungen beruhigen können.
- Ich setze fort mit der entscheidenden konkreten Erhellung der Frank-Szene.
- Schliesslich verknüpfe ich diese Schritte mit dem angekündigten Versuch, Richtpunkte eines sachgerechten schulischen Handelns zu formulieren.

Zur noch kärglichen und kontroversen empirischen Lage:

Zurückzugreifen ist in erster Linie auf eine umfangreiche Publikation der sogenannten "Gewaltkommission". 1987 von der deutschen Regierung in Auftrag gegeben, veröffentlichte die interdisziplinär zusammengesetzte unabhängige Expertenkommission 1990 in vier Bänden jenes Wissen, das über *Ursachen, Prävention und Kontrolle von Gewalt* vorrätig war. Im Band *Gewalt in der Schule* wird vorerst die desolate Forschungslage aufgewiesen (SCHWIND et al. 1990, Bd. 3). Obwohl die unsichere Datenlage und die offenkundigen methodischen Mängel vieler Studien (hierzu insbesondere NIEBEL et al. 1993; HORNSTEIN 1993, 7 ff.) zur Vorsicht mahnen, scheinen sich doch einige Trends festmachen zu lassen: So gibt es bisher keine wissenschaftlichen Belege für eine dramatische Zunahme von gewalttätigen Handlungen an Schulen, wie sie vielerorts angenommen und behauptet wird. Unter den identifizierbaren Gewaltformen treten die vandalistischen Beschädigungen und Zerstörungen hervor. Vermutbar ist das relativ häufige Auftreten der Gewalt zwischen den Schülern, wobei nicht verwundert, wie oft Knaben und wie selten Mädchen als Täter beteiligt sind. Schwer einzuschätzen ist jedoch, ob es sich um brutale Akte, um Verrohungen der Umgangsformen oder um harmlose Raufereien handelt. Es liegt die Annahme nahe, dass die Hemmschwellen niedriger geworden sind und Eskalationen rascher geschehen. Alarmieren mag der Verdacht, es würden sich im Gruppenverband ausgeübte aggressive Akte steigern. Demgegenüber beruhigt, dass Übergriffe auf Lehrkräfte abgesehen von verbalen Formen eher die Ausnahme bilden (gegenläufige Resultate werden allerdings in einer jüngeren Studie berichtet; vgl. NIEBEL et al. 1993, 789).

Was die Ausgangspunkte für Gewalt betrifft, so bestätigt sich, was man annehmen konnte. Nur ein multifaktorieller Ansatz, der Schülerinnenmerkmale, Sozialisationsdimensionen und innerschulische Interaktionsabläufe berücksichtigt, wird dem komplexen Geschehen gerecht.

Interessant sind die Hinweise verschiedener Autoren auf Risikofaktoren, die sich mehr oder weniger direkt auf die Schule beziehen, wobei Gewalt insgesamt nur bedingt den Bildungsinstitutionen angelastet werden darf (HURRELMANN 1993).

Erinnert wird an die Korrespondenz zwischen negativem Selbstkonzept und der angedrohten oder ausgeübten Gewalttätigkeit. Gewaltbereit scheinen besonders leistungsschwache Schüler. Irritiert und oft demoralisiert durch ihr Leistungsversagen, können Jugendliche aggressive Akte als geeignete Verteidigungs- und Kompensationsmechanismen einschätzen und in ihr Handlungsrepertoire aufnehmen. Es wird weiter die Bedeutung baulicher Gegebenheiten hervorgehoben. Ungepflegte Schulen scheinen Vandalenakte zu provozieren, Riesenschulen fördern Anonymität und damit wohl auch Aggressionen (neuere Studien legen wiederum zurückhaltendere Aussagen nahe; vgl. NIEBEL et al. 1993, 789).

Im Sinne einer Vermutung erwähnen die Autoren den gewaltförderlichen Einfluss, der mit unzulänglichen Möglichkeiten von Lehrpersonen und Lernenden, sich aktiv an schulischen Prozessen zu beteiligen und diese teilweise mitzuverantworten, verbunden sein dürfte. Vermehrt scheinen Schüler zudem aggressive Neigungen bei jenen Lehrkräften zu zeigen, deren unterrichtliche Zielsetzungen und Leistungsbeurteilungen wenig transparent sind und deren Rollenverständnis auf Wissensvermittlung beschränkt bleibt.

Bilanz und Perspektive: *Skepsis und Hoffnung*

Zurück zum Fall Frank. Die Fülle der belastenden, schulisch kaum wesentlich beeinflussbaren Faktoren dürfte seine Lehrkräfte überfordern. Erinnern wir uns aber: Frank, seit einem Jahr in dieser Schule, bedroht zwar seine Lehrerin, aber er schlägt nicht zu. Was hält ihn ab, mehr noch, was lässt ihn nach der Episode mit meinem Begleiter in den Unterrichtsraum zurückkehren?

"Ich habe ihn, nachdem ich ihm mein Halt zugerufen hatte, an die FAG erinnert", erklärt mir mein Begleiter. FAG? Dahinter verbirgt sich eine der vielen Einrichtungen, die sich ein engagiertes Kollegium, unterstützt durch Schulleitung und Behörden, in vieljähriger Arbeit aufgebaut hat, um eine schulische Zone zu errichten, die gewaltfreies Lernen ermöglicht und ein kleines Stück Humanum sicht- und erfahrbar macht. FAG, das sind Freiwillige Arbeitsgemeinschaften an der Schule, in deren alltags- und jugendnahem Rahmen Velos repariert, Sportgeräte konstruiert, ein Elektromotor gebaut, ein Jugendcafé eingerichtet sowie gemalt, getanzt, Theater gespielt wird. Die FAGs sind eingelagert in ein System von Regeln, welche unter Beteiligung von Schülern und Schülerinnen vom Kollegium entworfen wurden, samt Sanktionen, die dort einzusetzen sind, wo Absprachen nicht eingehalten werden. Zentrale Regeln sind dem respektvollen Umgang zwischen Lehrenden und Lernenden und der gewaltfreien Konfliktlösung gewidmet. Bei Gewalt wird nicht weggeschaut, sondern Lehrer wie Schülerinnen verpflichten sich, niemanden mit Gewalt zu bedrohen und mutig Hilfe zu leisten, wenn Menschen schikaniert werden. In institutionalisierten Gesprächen, zum Teil in den Klassen, zum Teil klassenübergreifend in Teamgruppen abgehalten, diskutieren Lehrerinnen und Schüler Sanktionen. Und da eine der gemeinsam abgesprochenen Konsequenzen: Wer Regeln eines fairen zwischenmenschlichen Umgangs grob missachtet, verliert auf bestimmte Zeit die Möglichkeit, an einer FAG teilzunehmen. Frank, engagiertes und überraschend feinfühliges Mitglied einer Theatergruppe, die sich aus Angehörigen einer Strassengang rekrutiert und von professionellen Künstlern angeleitet wird, kommt vermutlich deshalb zur Besinnung, weil ihn mein Begleiter an die gefährdete Mitgliedschaft zu erinnern vermag. Er lässt ab von der Drohung (ob aus Einsicht oder Kalkül bleibt offen, wird im Moment auch nicht thematisiert), akzeptiert das Mixt aus Geben und Nehmen, Angebot und Sanktion ...

Die Frank-Szene spiegelt nur einen kleinen Ausschnitt aus dem Wirkungssystem einer Schule wieder, die konsequent als soziale Handlungseinheit verstanden und gestaltet wird. Hinter Franks Besinnung ist in einem weiteren Sinne nicht nur das FAG-Element zu sehen; sie beruht auf einer Schulkultur, zu der es gehört, unterrichtliche Projekte und Schullebensvorhaben zielstrebig und kooperativ zu entwickeln. Da hat ein Kollegium über eine kontextgerechte schulische Philosophie gründlich nachgedacht, hat Ziele vereinbart, mit Mitteln verbunden, hat vereinbarte Konzepte erprobt, überprüft, gefestigt; da entstand in gewiss mühsamen, von zahlreichen individuellen und strukturellen Hindernissen begleiteten Prozessen eine profilierte Schule mit Elementen wie Teamgruppenmodell, verstärktem Arbeitslehreunterricht, besonderen Hilfen für fremdsprachige Schüler und Schülerinnen, Stadtteilorientiertem Lernen; da sassen Kollegen und Kolleginnen regelmässig zusammen, diskutierten Möglichkeiten der Binnendifferenzierung und der lernprozessunterstützenden Beurteilung, konkretisierten heikle Balancen zwischen Ordnung und Freiheit, Fördern und Fordern, erwogen ein gemeinsames Vorgehen im Umgang mit Ausländerhass und Rassismus. Eltern wurden zur Mitarbeit angeregt, Spezialisten der Sonderpädagogik und der Schulentwicklung als Begleiter von innovativen Vorhaben angefordert und Verfügungsetats genutzt. Franks Kontrollfähigkeit verdankt sich vermutlich zum Teil einem Kollegium, das sich eigenständig Prinzipien, Spielregeln, Kontrollen und Revisionen der Schulentwicklung angeeignet hat. Frank, höre ich, ist nicht zum Schaf geworden; teilweise aber hat er gelernt, seine groben Attacken zurückzuhalten, auf gewaltalternative Verhaltensweisen umzustellen. Die Kosten der vielfältigen Interventionen und Projekte, der Gespräche und Wiedergutmachungen, der Klassenaktionen und klassenübergreifenden Schullebensunternehmungen, diese Kosten stünden allerdings auf einem anderen Blatt. "Durchhänger" bei den Lehrkräften seien unübersehbar, Abnützungserscheinungen augenscheinlich.

Ich weiss nicht, ob es Ihnen ergeht, wie es mir damals erging: Die Frank-Szene macht Mut, regt zur eigenen Suche an. Gleichzeitig aber stösst sie Befürchtungen an, blockiert womöglich aufs Neue. Alles gut und recht, aber bei unserem Kollegium, oder erst bei unserem Schulleiter, oder aber bei dieser Behörde, dieser Wirtschaftslage ... Zudem, wenn man da besser hinhören wollte. Was sagte der Begleiter von den Kosten - und schwieg bedeutungsvoll. Und nicht zuletzt: Auf hohem Abstraktonsniveau lässt sich manch

Bilanz und Perspektive: *Skepsis und Hoffnung*

Schönes vorführen, dessen Tücken im alltäglichen Vollzug liegen. Und da bleiben wir alleingelassen.

Ich möchte mich, wie versprochen, im Schlussteil diesen Einwänden stellen und ordnen, was ich über das geschilderte Beispiel hinaus für bedeutsam, wenn auch nicht kopierbar halte, und welche konkreten Bedingungen ich sehe, damit wir uns nicht in den Fallen verfangen, die allerorts präsent sind.

Die Möglichkeiten der Schule, dem Gewaltproblem konstruktiv-problemlösend zu begegnen, fasse ich in drei Punkten zusammen:

1. Verstehen, aber nicht billigen.
2. Kooperieren, aber nicht Verantwortung abschieben.
3. Aufs "Ganze" schauen, aber sich auf Fragmente beschränken.

- *Zum ersten Punkt:*

Aggression und Gewalt sind bedrückende, nie wegzuschaffende Realitäten unserer Welt - und unserer Schulen. So zu tun, als gäbe es sie nicht, würde einer Gewaltverminderung nicht dienlich sein. Sie weder zu dramatisieren noch zu bagatellisieren, sondern sie sich zuzugestehen, als Teile unserer Gesellschaft, unserer Schulen, auch unserer Person schafft erst die Voraussetzungen, um ihnen angemessen zu begegnen. Vernünftig dürfte sein, Hinweise ernstzunehmen, die oft vieldeutigen, in Interaktions- und Eskalationsprozesse eingebundenen Phänomene im schulischen Alltag geduldig zu entschlüsseln, sich für die Analyse, für das Verstehen, für die Prophylaxe genügend Zeit zu lassen, aber da, wo Menschen unmittelbar bedroht sind, klar Stellung zu beziehen, Grenzen zu setzen und auch durchzusetzen. Aggression und Gewalt müssten primär unterrichtlich bearbeitet werden, und es wäre eine eigene Veranstaltung wert, die Vielfalt der Materialien vorzustellen, welche Lehrkräften beim Versuch behilflich sein können, über Phänomene der Gewalt, auch geschichtlich (vgl. PETRAT 1987), aufzuklären. Hier und jetzt geht es mir mehr darum, Sie zu ermutigen, gemeinsam mit ihren Kollegen und Kolleginnen, mit Eltern, Behörden, wenn möglich auch unter Beteiligung ihrer Schüler und Schülerinnen ein handhabbares Set von Regeln zu entwerfen, das einen respektvollen Umgang zwischen den Menschen in der Schule schützt, trotz begreiflicher und in Sozietäten unvermeidbarer Aversionen und Ängste. Banal mag erscheinen, was ich Ihnen an Praxiswissen in Erinnerung rufen kann: Regeln müssten eindeutig formuliert, klar begründet, revidierbar und mit Kontroll- und Sanktionsmöglichkeiten verkoppelt sein. Im übrigen gilt nach meiner Einsicht: Weniges, aber Tüchtiges - und nur das aufstellen und fordern, was auch die Lehrer glaubwürdig einzuhalten vermögen. Illustrationen, mit Vorteil humorvoll, jugendnah, emotional ansprechend gestaltet, unterstützen Einsicht und Akzeptanz. Anreize zu schaffen für das erlebnisnahe Gestalten von Regelungen bildet eine entwicklungs- und lernpsychologische Empfehlung, die oft unbeachtet bleibt. Die Entwicklung einer lebendigen Ordnung, welche die Voraussetzung für Freiheit und Eigeninitiative in Unterricht und Schulleben darstellt (vgl. AURIN 1991), wird dort besonders gefördert, wo in übersichtlichen Einheiten und gepflegten Räumen Beziehungen gestaltet und Selbstwert über schulische Leistungen hinaus aufgebaut werden kann.

- *Zum zweiten Punkt:*

Es ist ein Leitgedanke vieler aktueller Fortbildungstagungen, Schulprobleme wie Aggression und Gewalt unter den Aspekten der Kooperation und Teamarbeit anzugehen. Die Ergebnisse empirischer Studien zur Frage der Schulwirkungen (vgl. AURIN 1990; ROLFF 1993) ebenso wie meine Schul-Erkundungen lassen mich diese Leitidee unterstützen - und gleichzeitig vor Fallen warnen. Kein Zweifel besteht: Die neuen Herausforderungen sind nach hergebrachten schulpolitischen, schulrechtlichen und schulorganisatorischen Mustern, welche der einzelnen Lehrkraft sehr vieles, dem Schulhauskollegium wenig aufbürden, kaum mehr lösbar. Eine im Rahmen von kantonalen Vorgaben und Erlassen freie Lehrperson, nicht zu mehr als zur blossen Koexistenz mit Kollegen und Kolleginnen aufgefordert, nicht nachhaltig mit Elternarbeit konfrontiert, nur lose mit lokalem Umfeld und Unterstützungsdiensten verbunden, wird trotz gutem Willen und Können (das didaktische Geschick von Schweizer Lehrerinnen ist nach meiner Einsicht überdurchschnittlich) nicht selten überfordert sein. Schulen könnten sich, so der Vorschlag (vgl. FORNECK 1993), als lernfähige Organisationen kontinuierlich, professionell, aber ohne Diktatur durch Perfektionsmythen und ohne Reformeuphorie weiterentwickeln, dies einem offengelegten Bildungsgedan-

Bilanz und Perspektive: *Skepsis und Hoffnung*

ken entlang. So erhöhten sie ihre Chancen, eigeninitiativ und situationsangemessen auf Erfordernisse der Moderne zu reagieren. Es lohnte sich dabei, die Schule nicht neu erfinden zu wollen. Erfolgversprechender dürfte sein, von alltäglichen Problemen auszugehen und detailliert zu analysieren, wo der Schuh drückt. Der Problemanalyse hätte sich eine Bestandesaufnahme der erwünschten Veränderungen anzuschliessen. Ihr hätte ein Erkunden der geeigneten Massnahmen, Arbeitsweisen, Etappenziele und Evaluationsschritte nachzufolgen. Bei all dem wären, selbstverständlich, Rahmenbedingungen zu berücksichtigen.

Einige Möglichkeiten möchte ich darstellen. Ich unterscheide in pragmatischer Art:

a) Massnahmen, die in der Hand einer einzelnen Lehrkraft stehen;
b) Massnahmen, die teambezogen angelegt sind;
c) Massnahmen, die ein ganzes Schulhaus betreffen.

- Zu a):

Auf dem Pausenplatz sind wiederholt ernsthafte Gewalttätigkeiten aufgetreten. Einige Schüler aus den Klassen der Lehrer A und B scheinen als Provokateure beteiligt. Lehrer A und B setzen sich zusammen. Sie analysieren das Geschehene, erfinden Massnahmen, erinnern sich an eine Fachkraft, von der sie sich Unterstützung erhoffen. Gemeinsam entscheiden sie sich für die folgenden Unternehmungen:

• Gespräche mit den Klassen. Im Anschluss an einen beobachteten gewaltsam ausgetragenen Konflikt auf dem Pausenplatz wird das Problem der Gewalt thematisiert. Unterstützt durch kleine Rollenwechsel wird versucht, das Verständnis für eigenes und fremdes Verhalten zu erweitern. Regeln werden vereinbart, Konsequenzen abgesprochen.

• Mit Hilfe der Fachperson wird ein Programm zum sozialen Lernen, modifiziert, in den Lebenskundeunterricht eingebaut. Im Zentrum stehen einerseits Übungen zur Förderung der Wahrnehmung, der Körpererfahrung, zur Stärkung des Ichs und des Gemeinschaftsgefühls, andererseits der Aufbau einer Ausstellung und einer Diskussionsveranstaltung zum Thema Gewalt. Eltern und Behörden werden eingeladen, die geschriebenen und gemalten Produkte der beiden Klassen vorgestellt und diskutiert. Wieder hilft die Fachfrau mit.

- Die beiden Lehrer und die Fachfrau reflektieren und erproben ferner individualisierende Formen des Unterrichtens, welche ihnen, zusammen mit Umstellungen im Klassenraum, zu neuen Möglichkeiten verhelfen, Gespräche mit einzelnen Schülern zu führen und schwächere Schüler mit individuellen Lernhilfen zu versorgen, ohne die Leistungsanforderungen insgesamt herabzusetzen. Viel Aufmerksamkeit wird Ritualen wie dem Morgenbeginn, den regelmässigen Kreisgesprächen mit Rück- und Ausblicken und der sorgfältigen Erfüllung von Klassenämtern gewidmet.

Die Fachfrau wird bezahlt aus dem Forschungskredit einer Pädagogischen Instituts.

Der Aufwand ist beträchtlich, das Ergebnis aber ermutigend, wenn auch nicht frei von Ambivalenzen. Die Lehrer stellen fest, dass sie trotz mehr Aufwand weniger problembelastet sind. Sie empfinden sich als qualifizierter, gewaltfreie Konfliktlösungsweisen auszuprobieren. Kaum verbessert haben sich allerdings die Beziehungen zu den übrigen Kolleginnen und Kollegen. Und störungsfrei ist der Unterricht nicht ... Die Fachfrau muss lernen, Programme an rasch wechselnde Situationen anzupassen, von simplen Technologiemustern Abstand zu nehmen; sie entdeckt, dass Eltern behutsam auf Neuerungen eingestimmmt werden müssen, will man sie zu Partnern gewinnen.

- Zu b):

Nicht unüblicher Ausgangspunkt: Mehrere Lehrerinnen eines Schulhauses fühlen sich überfordert und lustlos. Die Kraft wird aufgebraucht durch ständige Konflikte in den Klassen; Eltern beschweren sich über Schüler, die Mitschüler bedrohen; Kollegen und Kolleginnen zeigen sich gleichgültig, klammern sich an ihren unterrichtlichen Auftrag; Konferenzen beschlagen gerade Fragen der Organisation. Ein neuer Computer soll beschafft, eine Stellvertretung geregelt werden, jemand müsste sich um die Bücheranschaffungen kümmern, alle zeigen sich desinteressiert; der asphaltierte Pausenplatz provoziert Unfälle, die kahlen Wände jagen einem Kälte in die Gebeine, niemand unternimmt etwas. Leidvolloses Heben der Augenbrauen, Achselzucken. Flucht nach Hause, sobald die Schlussglocke zu vernehmen ist. Einzelanstrengungen werden zwar versucht, aber wenn der Kollege, die Kollegin nicht mitmachen, wenn Schulstrukturen hindern, wenn Innovatio-

Bilanz und Perspektive: *Skepsis und Hoffnung*

---

nen unterbunden werden, wenn Projekte am Widerstand des Schulleiters scheitern. Alles ist mit allem verknüpft, also sind Anstrengungen nutzlos, wenn nicht alle am gleichen Strick ziehen - oder doch nicht?

Macht sich eine initiative Gruppe von jüngeren Lehrerkräften auf, erwirbt sie sich in bilateralen Gesprächen die Unterstützung erfahrener Kolleginnen, kann sie auf eine Unterstützungseinrichtung der Lehrerfortbildung zurückgreifen, welche es erlaubt, kompetente Spezialisten und Spezialistinnen der Team- und Schulentwicklung abzurufen, dann kann einiges gelingen, ohne dass von Anfang an ein Kollegium mitwirkt. So geschehen in einer Grundschule, der – nicht zufällig, glaubt man empirischen Forschungen (AURIN 1990; ROLFF 1993, 176 ff., 20 ff.) – seit kurzem eine sehr qualifizierte Schulleiterin vorsteht. Aus der Vielzahl der Intitiativen, welche sie animierte oder förderte und gegenüber Schulaufsicht und Eltern vertrat (Erneuerung der Konferenzstrukturen; Organisation eines multikulturellen Festes aus aktuellem Anlass; Einrichtung Offener Türen) lese ich, in der gebotenen Kürze, eine heraus:

Die teilweise gewalttätigen Unterrichtsstörungen in einigen Klassen erreichten ein Mass, dass gehandelt werden musste. In informellen Gesprächen entwickelten drei Lehrerinnen und ein Lehrer die Idee, den Störungsphänomenen gemeinsam nachzuspüren. Fragen nach den eigenen Wünschen und Ressourcen wurden gestellt und die Chancen erwogen, durch eine externe Moderatorin in der Problemlösung unterstützt zu werden. Anschliessend wurde mit Hilfe eines beigezogenen Schulpsychologen eine Fallberatung entwickelt. Das Kernstück der Beratung, welche geklärten und vereinbarten Zielsetzungen, Rollenverteilungen und zeitlichen Limiten entlang erfolgte, bildete der Versuch, die Problemsituation einer Kollegin einfühlsam zu diagnostizieren, mögliche Lösungswege zu sammeln und auf ihre Tragfähigkeit hin zu prüfen. Die befristete Zusammenarbeit mit dem Berater brachte erste konkrete Erfolge und Gefühle der Solidarität. Die Zwischenbilanz mündete im Entschluss, als autonome Arbeitsgruppe weiterzuarbeiten, von kollegiumsübergreifenden Initiativen indessen vorläufig abzusehen; noch war Abwehr zu befürchten.

Die Gruppe umging geschickt verschiedene Fallen, die sich Lehrerinnengruppen häufig in den Weg stellen: Ausgang von Fremdanliegen anstatt von eigenen Veränderungswünschen; übereilte Suche nach rezeptartigen Handlungsvorschlägen anstatt ausreichende Problemanalyse; bloss informelle chaotische Gespräche statt professionelle Gesprächsführung; gegenseitiges Sich-Überhäufen mit Ratschlägen statt behutsames und einfühlendes Be-Raten. Nicht zuletzt entgingen sie der nach anfänglicher Euphorie naheliegenden Versuchung, das Kollegium zu missionieren. Die Erfahrung lehrt, dass kollegiumsübergreifende Entwicklungen dann besonders erfolgsversprechend sind, wenn grosse Teile des Kollegiums einen Bedarf einsehen und auf relativ rasche konkrete Erfolge gezählt werden kann (PHILIPP 1993, 133 ff.). Zwang verstärkt in manchen Fällen latente Ängste und Abwehrstrategien.

- Zu c):

Damit bin ich bei der kompliziertesten Ebene der Kooperation angelangt. Ein Kollegium macht sich auf den Weg, Berufswissen zu mehren, Beziehungen zu verbessern sowie Teile der Schule umzubauen. Möglichkeiten, die selbstverständlich stets nur kontextgerecht ausgewählt und gestaltet werden können, habe ich an meinem Fallbeispiel gezeigt. Jetzt möchte ich einige Bausteine anfügen, die dazu dienen können, dass eine schulische Handlungseinheit so schwierige Probleme wie Aggression und Gewalt mit Aussicht auf Erfolg angehen kann.

Gewaltmindernde Schulhauskulturen sind gekennzeichnet:

- durch eine klare, kooperativ entwickelte Bildungs- und Erziehungskonzeption (vgl. AURIN 1992), in der Apekte eines sozialen Betriebsklimas und einer emotionalen Kultur ausreichend beachtet werden (ohne dass Sacherfordernisse, kognitive Ansprüche, Effizienzkriterien übersehen werden);
- durch Mitwirkungs- und Mitverantwortungsgelegenheiten für Lehrkräfte und, abgestuft, für Schülerinnen und Schüler und damit durch die Respektierung demokratischer Leitideen (ohne dass unkritisch politisch-staatliche Demokratieprinzipien direkt auf die Schule übertragen werden);
- durch überschaubare, stilbildende Räume, in denen die sachliche und persönliche Gestaltung von Lernprozessen gefördert wird und in denen verlässliche Beziehungen und kontrollierbare Verantwortlichkeiten ent-

Bilanz und Perspektive: *Skepsis und Hoffnung*

wickelt werden können (ohne dass Heimattümelei gepflegt und die Moderne mit ihren risikoreichen Grosssystemen pauschal abgewehrt wird);
- durch das Bemühen, etwas zu schaffen, worauf viele stolz sein können, so dass Identifikationsbereitschaften der Beteiligten gefördert werden (ohne dass zur Stabilisierung der eigenen Identität Fremdes abgewehrt und eigene Überlegenheit postuliert und zur Schau gestellt wird);
- durch die Verknüpfung mit überlokalen Unterstützungsdiensten der psychologischen Beratung, der Lehrerinnenfortbildung und der Team- und Schulentwicklung (ohne dass schuleigene Entwicklungskräfte vergessen und die Lösung von Störungen ausschliesslich an externe Fachpersonen delegiert wird);
- durch den Versuch, Unterricht zu öffnen (vgl. RAMSEGER 1993, 834 f.), dies inhaltlich – gegenüber den Fragen und Alltagskonzeptionen der Schüler und Schülerinnen –, methodisch – gegenüber Formen eines eigentätigen und erfahrungsoffenen Lernens – und institutionell – gegenüber ausserschulischem Leben (ohne dass bedeutsame Differenzen zwischen Wissen und Erfahrung, Unterricht und Erziehung, Schule und Leben ignoriert und ohne dass das Recht aus der Hand gegeben wird, sich gegenüber unangemessenen Zumutungen zur Wehr setzen zu dürfen);
- durch die Förderung der Elternarbeit und der Beziehungen zum Dorf, zum Quartier, um so wünschbare Wirkungen zu verstärken (ohne dass man sich der Illusion hingibt, mit Schule gesellschaftlich-politische Einflüsse auffangen zu können);
- durch Lehrpersonen, welche, teamgestützt, befähigt sind, die Dilemmatas und Risiken eines Berufes auszuhalten, zu dessen konstitutiven Merkmalen Zielunklarheit, begrenzte Steuerbarkeit und Wirkungsunsicherheit gehören, Lehrpersonen auch, die bereit sind, sich kontinuierlich fortzubilden (ohne dass sie die Pflicht zur Erneuerung verabsolutieren und unter Perfektionszwang stellen);
- durch eine innovationsbewusste Schulleitung und eine Schulaufsicht, die Beratung und Ermutigung vor Kontrolle oder gar Restriktion setzt (ohne dass übersehen wird, wie unverzichtbar auch vernünftige übergreifende Richtlinien und schulexterne Massnahmen zur Sicherung vergleichbarer Qualität (ROLFF 1993, 197) sind, wenn Schulen ihrer allgemeinbildenden Aufgabe gerecht bleiben wollen);

- durch finanzielle und personelle Mittel, die dem vielfach postulierten Ziel, Einzelschulen zur Selbstorganisation zu befähigen, adäquat sind (ohne dass missachtet wird, dass Selbstorganisation nur relativ, die Autonomie einer Schule nur teilweise und die Staatsressource nicht ohne Limite sein kann ...).

- *Zum dritten Punkt:*

Ich bin beim dritten und letzten Punkt angelangt: Schule muss nach meinem Dafürhalten eine intensive Anstrengung unternehmen, damit Kinder und Jugendliche Offenheit für den Pluralimus der Meinungen und Sensibilität für gewaltfreie Konfliktlösungen erwerben. Gleichzeitig muss sie sich auf *ihre* Mittel besinnen und auf die Grenzen ihres Wirkens einstellen. Zu ihren Mitteln gehört in erster Linie das Unterrichten, das sorgfältige Vermitteln von Wissen über öffentlich wichtige Lebensbereiche. Nicht gemeint ist einseitiges Instruieren, anzustreben ist eine auch eigentätige, handelnde Aneignung wesentlicher Exempel der kulturellen Überlieferung und ein geduldiges Bemühen, naive, etwa unreflektierte mediatisierte Erfahrung aufzuhellen und mit kontrolliertem Wissen zu ergänzen. Zu ihren Mitteln gehört ferner, dass Lehrer- und Lehrerinnenteams vorleben und differenziert begründen, wie man schulische Konflikte ohne Verschleierung des Umstands, dass Konsenslösungen oft nur mühsam zu finden sind, bearbeiten kann. Aufgabe der Schule ist es weiter, gemeinsam mit den Heranwachsenden nicht nur an einem Lernraum, sondern auch an einem Lebensraum zu arbeiten, in dem bis zu einem bestimmten Grad gegenwärtige Bedürfnisse der Schüler und Schülerinnen berücksichtigt werden (vgl. KÜFFER 1993).

Da nun liegen auch Beschränkungen. Schule soll wohl um das "Ganze" der Lebenszusammenhänge von Heranwachsenden wissen, darf aber dieses Ganze nicht beherrschen wollen. Nicht alle ihre emotionalen und sozialen Lebensbedürfnisse wollen und können Kinder und Jugendliche in die Schule tragen. Sie brauchen Räume, die nicht von Pädagogen und Pädagoginnen besetzt oder pädagogisch gemeint sind. Schule überhebt sich, wenn sie glaubt, das Leben von Heranwachsenden umfassend planen und kontrollieren zu können, und sie gibt sich einer Illusion hin, wenn sie meint, das ausgleichen zu können, was ihr eine Gesellschaft, in der Gewalt ständig präsent ist, an Belastendem – nicht selten scheinheilig, fordernd und Mittel beschränkend – zur Lösung übergibt.

Wichtig scheint mir, dies meine Quintessenz, dass Lehrerinnen und Lehrer den Blick für die Aufgabe, bei den Heranwachsenden vertieftes Verstehen zu fördern, nicht verlieren, sich aber nicht mit der Annahme überlasten, durch Schule gewaltfreie Menschen und eine gerechte Gesellschaft herstellen zu können. Viel, sehr viel ist getan, wenn es Lehrer und Lehrerinnen gelingt, eine Zone von Leben zu gestalten, in der objektbezogenes und subjektoffenes Lehren und Lernen gute Chancen erhält.

Anmerkungen

- **Vorwort**

Zur Diskussion über Sinn und Zweck der modernen Schule vgl. u.a. AURIN 1994; GONON/OELKERS 1993; LIEBAU 1991; OELKERS 1992; TERHART 1993.

- **Schulleben. Anmerkungen zur Wiederentdeckung einer schulpädagogischen Kategorie**

Dieser Aufsatz beruht auf einem Vortrag, den ich am 6. Dezember 1983 an der Universität Bern gehalten habe. Er ist im Heft 18 der schweizer schule im Jahre 1984 erschienen (S. 703-714).

- **"Der Blick auf das ganze Leben". Lernen von Gotthelfs Schule?**

Dieser Beitrag wurde im Heft 25 der Schweizerischen Lehrerzeitung 1984 veröffentlicht.

- **Schule mit Zukunft. Leitgedanken zur Weiterentwicklung einer Schule der Sekundarstufe II**

Dieses Papier ist ein Diskussionsbeitrag, der an einer Arbeitstagung des Kollegiums einer Lehrer- und Lehrerinnenbildungsstätte (Seminar Biel) im Sommer 1984 vorgetragen wurde. Er verdankt den Arbeiten Hartmut VON HENTIGs (1981, 1982) wesentliche Impulse.

- **Schulzeit - Lebenszeit. Notizen aus dem Innern einer Lehrer- und Lehrerinnenbildungsinstitution**

Teile dieser 1985 entstandenen Aufzeichnungen wurden 1988 im Heft 2 der Beiträge zur Lehrerbildung unter dem Titel "Lehrerbildung - am eigenen Leib erfahren" publiziert (S. 134-144).

- **Mit den eigenen Händen greifen. Ein Versuch schulhausbezogener Projektarbeit**

1985 aufgezeichnet, wurde dieser Erfahrungsbericht 1989 im Heft 4 der schweizer schule abgedruckt (S. 15-20).

- **Projektunterricht**

Dieser Beitrag wurde an einem Studientag zum Projektunterricht vorgelegt und diskutiert. Er wurde 1988 im Heft 20 der Berner Schule veröffentlicht. Anregungen verdankt er Arbeiten von GUDJONS (1984) und BASTIAN (1984).

- **Schule draussen vor der Tür. Über den schwierigen Versuch, die Schule zu öffnen**

1991 entstanden. Hier erstmals abgedruckt.

- **Berliner Impressionen 1991: Berlin in Gewalt oder: "Auf dem langen Weg zum Hause des Nachbarn"**

Diese Aufzeichnungen entstanden 1991 anlässlich eines halbjährigen Forschungsurlaubs in Berlin. Sie wurden bisher nicht publiziert.

- **Schule gegen Gewalt. Randbemerkungen zu einem Versuch, mit Schule der Jugendgewalt entgegenzutreten** (Berlin 1992)

Erstmals veröffentlicht im Heft 1/93 der schweizer schule (S. 23-31).

- **Jeremias Gotthelf und die Schule. Schule und Grenze**

Der Aufsatz wurde 1991 im Heft 71 der Uni Press abgedruckt (S. 16-18). Der Titel: Jeremias Gotthelf und die Schule. Die gescheiterte Versöhnung.

- **Schule, Sache und Person. Die Zwecke der Schule**

Diese Ansprache wurde anlässlich der Diplomfeier der Abteilung für das Höhere Lehramt der Universität Bern am 25. Mai 1993 gehalten. Sie wurde abgedruckt im Bulletin 2/93 der AHL (S. 21-25).

- **Gewalt in der Schule. Schule und Spielraum**

Erstdruck. Der Beitrag entspricht weitgehend einem Manuskript, das ich auf Einladung der Zentralschweizerischen Beratungsstelle für Schulfragen am 20. Oktober 1993 und (in leicht veränderter Form) am 2. März 1994 im Ausbildungszentrum des Schweizerischen Roten Kreuzes in Nottwil vorgetragen habe. Die Vorträge richteten sich an Schulteams, zusammengesetzt aus Klassen- und Fachlehrkräften, Sonderpädagogen, Schulleitern, Mitgliedern von Schulbehörden, Schulpsychologen sowie Inspektoren.

Literatur

AURIN, K.: *Gemeinsam Schule machen.* Stuttgart 1994.
AURIN, K. (Hrsg.): *Gute Schulen - worauf beruht ihre Wirksamkeit?.* Bad Heilbrunn 1990.
BAACKE, D.: *Jugend und Jugendkulturen.* Weinheim/München 1987.
BASTIAN, J.: *Lehrer im Projektunterricht.* In: Westermanns Pädagogische Beiträge 6/84, 293-300.
BRESLAUER, K./ENGELHARDT, W. (Hrsg.): *Schulleben - Chance oder Alibi.* Hannover 1979.
BREZINKA, W.: *Grundbegriffe der Erziehungswissenschaft.* München/Basel 1975.
DAHRENDORF, R.: *Bildung ist Bürgerrecht.* Hamburg 1965.
DALIN, P.: *Organisationsentwicklung als Beitrag zur Schulentwicklung.* Paderborn 1986.
DANNHÄUSER, A./IPFELING, H.J./REITHMEIER, D. (Hrsg.): *Ist die Schule noch zu retten?.* Weinheim/Basel 1988.
DETTERBORN, H./LAUTSCH, E.: *Aggression in der Schule aus der Schülerperspektive.* In: Zeitschrift für Pädagogik 5/93, 745-774.
DOLLARD, J. et al.: *Frustration and Aggression.* New Haven 1939.
FORNECK, J.: *Von der Systemreform zur Schulhauskultur.* Neue Zürcher Zeitung vom 25. November 1993, 75.
FUERNTRATT, E.: *Angst und instrumentelle Aggression.* Weinheim 1974.
GALTUNG, J.: *Strukturelle Gewalt.* Reinbek 1975.
GONON, P.: *Ist das Gymnasium attraktiv? Schulkritik aus der Schüler- und Lehrerperspektive.* In: schweizer schule 5/92, 10-18.
FLITNER, A.: *Für das Leben - Oder für die Schule? Pädagogische und politische Essays.* Weinheim/Basel 1987.
FROEBEL, F.: *Ausgewählte Schriften*, hrsg v. E. HOFFMANN. 2 Bde. 2. Aufl. Berlin 1964/68.
GONON, P./OELKERS, J. (Hrsg.): *Die Zukunft der öffentlichen Bildung.* Bern 1993.
GOTTHELF, J.: *Sämtliche Werke.* Erlenbach-Zürich 1911-1977.
GUDJONS, H.: *Was ist Projektunterricht? Begriff – Merkmale – Abgrenzungen.* In: Westermanns Pädagogische Beiträge 6/84, 260-266.
GUDJONS, H./REINERT, G.-B. (Hrsg.): *Schulleben.* Königstein 1980.
VON HENTIG, H.: *Aufwachsen in Vernunft. Kommentare zur Dialektik der Bildungsreform.* Stuttgart 1981.

VON HENTIG, H.: *Erkennen durch Handeln. Versuche über das Verhältnis von Pädagogik und Erziehungswissenschaft.* Stuttgart 1982.

HERBART, J.F.: *Pädagogische Schriften*, hrsg. v. W. ASMUS. 3 Bde. Düsseldorf 1964-1965.

HORNSTEIN, W.: *Fremdenfeindlichkeit und Gewalt in Deutschland.* In: Zeitschrift für Pädagogik 1/93, 3-16.

HURRELMANN, K.: *Erfassung von Alltagstheorien bei Lehrern und Schülern.* In: K. LENZEN (Hrsg.): *Pädagogik und Alltag.* Stuttgart 1980.

HURRELMANN, K.: *Gewalt in der Schule.* In: H.D. SCHWIND/J. BAUMANN (Hrsg.): *Ursachen, Prävention und Kontrolle von Gewalt. Analysen der Unabhängigen Regierungskommission zur Überwindung und Bekämpfung von Gewalt.* Bd.III. Berlin 1989.

HURRELMANN, K.: *Gewalt ist eine "soziale Krankheit" der ganzen Gesellschaft.* In: Die Grundschulzeitschrift 67/1993, 40-41.

KECK, R.W./SANDFUCHS, U. (Hrsg.): *Schulleben konkret. Zur Praxis einer Erziehung durch Erfahrung.* Bad Heilbrunn 1979.

KELLER, H.: *Die Mittelschule aus der Sicht des Schülers.* In: Gymnasium Helveticum 6/90, 351-357.

KORTE, J.: *Faustrecht auf dem Schulhof.* Weinheim/Basel 1992.

KÜFFER, U.: *Jeremias Gotthelf. Grundzüge seiner Pädagogik.* Bern/Stuttgart 1982.

KÜFFER, U.: *Leben lernen in der Mittelschule.* In: Beiträge zur Lehrerbildung 1/1986, 81-89.

KÜFFER, U.: *Schule, Sache und Person.* In: AHL-Bulletin 2/93, 21-25.

KUHN, D.: *"Selbstoffenbarungsangst" gepaart mit Konsumismus.* In: Weltwoche vom 3. Mai 1990.

LESCHINSKY, A.: *Gewalt von Jugendlichen.* In: Zeitschrift für Pädagogik 5/93, 717-720.

LIEBAU, E.: *Kulturpolitik und Schule. Überlegungen zur Schulentwicklung im Modernisierungsprozess.* In: Die Deutsche Schule 83/1991, 140-150.

LITT, T.: *Führen oder Wachsenlassen.* 14. Aufl. Stuttgart 1972.

MILLER, E.: *Schilf-Wanderung.* Weinheim/Basel 1990.

NIEBEL, G./HANEWINKEL, R./FERSTL, R.: *Gewalt und Aggression in Schleswig-Holsteinischen Schulen.* In: Zeitschrift für Pädagogik 5/93, 775-798.

NOTLING, H.P.: *Lernfall Aggression.* Reinbek 1991.

OELKERS, J.: *Bildung und Kultur.* In: schweizer schule 11/92.

OELKERS, J.: *Über die Grenzen und die Notwendigkeit von Erziehung.* In: schweizer schule 1/92.

PESTALOZZI, J.H.: *Sämtliche Werke*, hrsg. v. W. SEYFFAHRT. 12 Bde. Liegnitz 1899-1902.
PETERSEN, P.: *Schulleben und Unterricht einer freien allgemeinen Volksschule nach den Grundsätzen Neuer Erziehung*. Weimar 1930.
PETRAT, G.: *Geschichte der Erziehung*. München 1987.
PHILIPP, E.: *Gute Schule verwirklichen*. Weinheim 1992.
PICHT, G.: *Die deutsche Bildungskatastrophe*. Olten/Freiburg 1964.
RAMSEGER, J.: *Unterricht zwischen Instruktion und Eigenerfahrung*. In: Zeitschrift für Pädagogik 5/93, 825-836.
REUSSER, K./KÜFFER, U.: *Thesen zum Pädagogikunterricht in der Lehrerbildung*. In: Beiträge zur Lehrerbildung 2/84, 52-59.
RUMPF, H.: *Die künstliche Schule und das wirkliche Leben*. München 1986.
RUMPF, H.: *Die übergangene Sinnlichkeit*. München 1981.
SCHALLER, T.: *Die Schulden der Schule*. Zug 1981.
SCHLEIERMACHER, F.: Pädagogische Schriften, hrsg. v. E. WENIGER. 2 Bde. Stuttgart 1957/1966.
SCHOCH, J.: *Jenseits der 'heilen Welt'. Das Gymnasium aus der Sicht eines Sozialpädagogen*. In: schweizer schule 5/92, 19-25.
SCHWIND, H.D./BAUMANN, J./SCHNEIDER, U./WINTER, M.: *Gewalt in der Bundesrepublik Deutschland. Endgutachten*. In: H.D. SCHWIND/J. BAUMANN (Hrsg.): *Ursachen, Prävention und Kontrolle von Gewalt. Analysen der Unabhängigen Regierungskommission zur Überwindung und Bekämpfung von Gewalt*. Bd. III. Berlin 1989.
SELG, H./MEES, U./BERG, D.: *Psychologie der Aggressivität*. Göttingen u.a. 1988.
STEINER, G.: *Jugendgewalt in Basel*. In: schweizer schule 3/90, 9-16.
TERHART, E.: *Schulentwicklung in der Krise oder: Wohin steuert das Bildungssystem?* In: Pädagogik und Schule in Ost und West 41/1993, 1-7.
TILLMANN, K.J.: *Plädoyer für eine nüchterne Analyse. Zu aktuellen Diskussion über Gewalt in der Schule*. In: Zeitschrift für Pädagogik 3/94, 6-8.
WEBER, E.: *Das Schulleben und seine erzieherische Bedeutung*. Donauwörth 1979.
WILHELM, T.: *Theorie der Schule*. Stuttgart 1969.
WITTENBRUCH, W.: *In der Schule leben*. Stuttgart/Berlin/Köln 1980.

Hans Berner

Aktuelle Strömungen in der Pädagogik

und ihre Bedeutung für den Erziehungsauftrag der Schule

«Studien zur Geschichte der Pädagogik
und Philosophie der Erziehung» Band 15
2., überarbeitete Auflage
X + 278 Seiten, 30 Grafiken,
kartoniert Fr. 58.– / DM 65.– / öS 507.–
ISBN 3-258-04650-6

Eine breit angelegte, auf dem Hintergrund der geistigen Situation der Zeit dargestellte Untersuchung der wichtigsten pädagogischen Strömungen der letzten 25 Jahre – mit besonderer Berücksichtigung der verschiedenen Ansätze für den Auftrag der Schule.

Verlag Paul Haupt Bern · Stuttgart · Wien

Jürg Rüedi

Einführung in die individualpsychologische Pädagogik

Alfred Adlers Konzept in der konkreten Erziehungspraxis

175 Seiten, gebunden Fr. 42.– / DM 47.– / öS 367.–
ISBN 3-258-05062-7

Wer eine prägnante Einführung in die Grundgedanken der individualpsychologischen Pädagogik haben will, findet diese in den ersten Kapiteln. Themen wie «Sozialerziehung/Soziales Lernen», «Wohlstandsverwöhnung» werden ebenso angesprochen und aus individualpsychologischer Sicht behandelt wie «Wert-Erziehung» und «Elternarbeit».

In weiteren Kapiteln werden diese aktuellen Themen anhand von Fallbeispielen konkretisiert und damit anschaulich dargestellt. Der Münchner Grundschullehrer Alfons Simon zeigt am Beispiel eines aggressiven Schülers, wie soziales Lernen und Wert-Erziehung auf dem Hintergrund der individualpsychologischen Pädagogik im Schulalltag aussehen. Die Kindergärtnerin Monika Berger, wie ihr zusammen mit ihrer Klasse die Integration eines schwierigen Kindergartenkindes geglückt ist.

Leserinnen und Leser können anhand konkreter Erziehungspraxis die Fruchtbarkeit individualpsychologischer Pädagogik nachvollziehen.

Verlag Paul Haupt Bern · Stuttgart · Wien

Bruno Krapf

Aufbruch zu einer neuen Lernkultur

Erhebungen, Experimente, Analysen und Berichte
zu pädagogischen Denkfiguren

4., nachgeführte und überarbeitete Auflage
264 Seiten, 35 Abbildungen, 9 Tabellen
kartoniert Fr. 46.– / DM 52.– / öS 406.–
ISBN 3-258-05214-X

Das äusserst erfolgreiche Buch entwirft ganz konkrete Vorstellungen von einer neuen Lernkultur, die dem sinnerfüllten Leben unter den gegenwärtigen Bedingungen verpflichtet ist. Es ist ein Praxisbuch zum Nachdenken auf der Grundlage der humanistischen Psychologie.

Verlag Paul Haupt Bern · Stuttgart · Wien

Jean-Pierre Crittin

Erfolgreich unterrichten

2., nachgeführte Auflage
173 Seiten, 32 Grafiken, Fr. 26.– / DM 29.– / öS 226.–
ISBN 3-258-05035-X

Wie wird ein Kurs oder eine Schulstunde effizient vorbereitet?
Wie muss der Stoff vermittelt werden,
damit die Lernenden das Wesentliche verstehen?
Welche Methoden und Hilfsmittel können eingesetzt werden?
Wie muss eine faire Prüfung gestaltet sein?
Wie kann ein Kurs ausgewertet werden?

Dieses praxisbezogene Handbuch mit Übungsanleitungen, praktischen Aufgaben und konkreten Tips gibt auf diese und viele andere didaktisch-methodische Fragen Antwort.

Verlag Paul Haupt Bern · Stuttgart · Wien

Kathrin Kramis-Aebischer

Stress, Belastungen und Belastungsverarbeitung im Lehrberuf

450 Seiten, 85 Abbildungen, 77 Tabellen,
kartoniert Fr. 68.– / DM 76.– / öS 593.–
ISBN 3-258-05100-3

Das Buch stellt ein theoretisch fundiertes Modell zur Belastungsverarbeitung von Lehrerinnen und Lehrern zur Verfügung.
Dieses Modell ermöglicht, Mechanismen und Prozesse der Belastungsentstehung und Belastungsverarbeitung zu analysieren, zu beschreiben und zu verstehen. Bei über 400 Schweizer Lehrpersonen werden die Ausprägungen in den Variablen Stress, Burnout, Psychische Gesundheit, Berufs- und Lebenszufriedenheit aufgezeigt. Verschiedene Fortbildungsangebote (Wochenkurse, Supervision, Kollegiumsberatung) werden auf ihre Wirksamkeit bezüglich Belastungsverminderung und Burnout-Reduktion sowie zur Steigerung der Berufs- und Lebenszufriedenheit geprüft. Auf dem Hintergrund der Ergebnisse werden Empfehlungen zuhanden von Einzelpersonen, von Lehrerkollegien und von Institutionen der Lehrerinnen- und Lehrerfortbildung und Bildungsforschung abgeleitet.

Verlag Paul Haupt Bern · Stuttgart · Wien

Xaver Büeler

System Erziehung

Ein bio-psycho-soziales Modell

259 Seiten, 24 Abbildungen, Fr. 42.– / DM 47.– / öS 367.–
ISBN 3-258-05043-0

Der Begriff «System Erziehung» steht für ein Programm: Es geht um eine radikale wissenschaftliche Aufklärung der geläufigen Vorstellung von «Erziehung» auf einem systemtheoretischen Hintergrund. Von der Pädagogik lange tabuisierte Fragen wie: Wer versteht was unter «Erziehung»? Wie lässt sich «Erziehung», falls dem Begriff eine aussersprachliche Realität zukommt, ganzheitlich rekonstruieren? Bezeichnet «Erziehung» eine Handlung, einen Prozess oder gar ein Produkt?

Antworten auf solche Fragen werden die Tatsache berücksichtigen müssen, dass das Phänomen «Erziehung» im Überschneidungsbereich biologischer, psychologischer und sozialer Einflussgrössen liegt. Der Autor bezieht deshalb die pädagogisch relevanten Ergebnisse dieser Disziplinen systematisch aufeinander und macht sie für die Grundprobleme der Erziehungswissenschaft fruchtbar.

Die Vorstellung von «Erziehung» als selbstorganisierendem System ist innovativ und provokativ zugleich; sie fordert die Pädagogik heraus, ihre eigenen Prämissen zu revidieren, und sie ist eine Aufforderung an andere Disziplinen, sich auf die Chancen und Probleme im Zusammenhang mit «Erziehung» einzulassen.

Das vorliegende Lehrbuch bietet eine schlüssige Herleitung menschlicher Erziehungsbemühungen aus der Evolutionsgeschichte heraus und eine systemisch-dynamische Darstellung des Systems «Erziehung» in seiner gegenwärtigen Umwelt.

Mit dem vorliegenden Buch gelingt es wohl zum ersten Mal, den Gegenstandsbereich der Pädagogik vollständig in einem kohärenten bio-psycho-sozialen Prozessmodell darzustellen.

Verlag Paul Haupt Bern · Stuttgart · Wien